中宣部主题出版重点出版物

共和国大科学家故事丛书

# 当代神农
## 袁隆平

魏晓雯 著

海燕出版社
·郑州·

图书在版编目（CIP）数据

当代神农　袁隆平/魏晓雯著.— 郑州：海燕出版社，2019.11（2022.5重印）
（共和国大科学家故事丛书）
ISBN 978-7-5350-7885-8

Ⅰ.①当… Ⅱ.①魏… Ⅲ.①袁隆平–生平事迹–少儿读物 Ⅳ.①K826.3-49

中国版本图书馆CIP数据核字（2019）第073698号

## 当代神农　袁隆平
DANGDAI SHENNONG YUAN LONGPING

| 出版人 董中山 | 责任编辑 陈　祥 | 责任发行 贾伍民 | 封面绘画 杨　光 |
|---|---|---|---|
| 选题策划 张桂枝 | 美术编辑 韩　青 | 责任印制 邢宏洲 | 内文插图 杨　光 |
| 项目统筹 胡宜峰 | 责任校对 刘学武 | 整体设计 韩　青 | 排版制作 杨　柳 |

出版发行：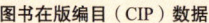
　　　　　地址：郑州市郑东新区祥盛街27号　邮编：450016
　　　　　网址：www.haiyan.com
　　　　　发行部：0371-65734522　总编室：0371-63932972
经　　销：全国新华书店
印　　刷：河南瑞之光印刷股份有限公司
开　　本：16开（700毫米×1000毫米）
印　　张：10印张
字　　数：90千字
版　　次：2019年11月第1版
印　　次：2022年5月第5次印刷
定　　价：28.00元

如发现印装质量问题，影响阅读，请与我社发行部联系调换。

# 总序：科学家的启迪

从理论上讲，科学技术是第一生产力，是推动社会发展的根本动力。实际上，科学技术只有被人发现、发明和创造，被人掌握，才能发挥它的功能，成为生产力，成为推动社会发展的动力。其根本的力量还是人，是那些能够探索、认知和实践客观真理的人，通常，他们被称为科学家。

科学家是聪明与智慧的象征，是我们人类的精英。古往今来，从石器时代、铜器时代、铁器时代，到农业文明、工业文明、电气文明和信息文明，人类社会每前进一步，都离不开科学技术的进步与发展，都离不开科学家的创造与贡献。

拥有五千年文明史的中华民族，富于勤劳、智慧和创新精神，古有四大发明，今有众多创造，涌现了一代代能工巧匠、科技大家。尤其是新中国成立70年来，在中国共产党的领导下，我们的国家发生了天翻地覆的变化，诞生了一批领先世界的科技成果，如杂交水稻、高速铁路、航天科技、海洋深潜、超级运算等，使我们从一个贫穷落后的国家，变成了举世瞩目的世界大国、经济强国，大大提升了国家地位和民族自豪感。这些成果凝聚着科学技术的贡献以及科技工作者的心血。

由海燕出版社编辑出版的"共和国大科学家故事丛书",客观生动地介绍了我国当代大科学家的杰出成就和精彩人生,其中有弘扬中医理论,发现青蒿素,救治众多病人的中国第一位诺贝尔生理学或医学奖获得者屠呦呦;发明杂交水稻培育技术,增加粮食产量,养活亿万人的"当代神农"袁隆平;让中国卫星遨游太空的航天巨匠孙家栋;自主设计研制国产大飞机的带头人吴光辉;给地球安上"天眼"的首席科学家南仁东……他们养人、助人、救人,开阔人类的眼界,让人类的生活更美好……这就是科学的魅力,科学家的伟大价值!

这些为人类做出杰出贡献的大科学家,尽管专业不同,岗位不同,却秉承共同的理想信念和科学精神,他们孜孜不倦,刻苦钻研,开拓创新,敢为人先,精诚报国,无私奉献……每个人的背后都有讲不完的故事和感人肺腑的精神。他们取得的成就越大,付出的也就越多。他们是我国千万科技工作者的杰出代表,是我们学习的榜样!读他们的故事,了解他们的经历,会受到心灵的激荡和人生的启迪!

这套丛书的作者都是学识丰富、文笔流畅、成果丰硕的作家,他们有的是中国作家协会的会员,有的是中国科普作家协会的会员,他们创作的作品,不仅资料翔实,内容丰富,而且深入浅出,情节生动,具有很强的艺术感染力,读起来是一种愉悦的享受。

对于广大青少年读者来说,读这套丛书,不仅能了解这些大科学家名震世界的科学成就,也能感受他们的音容笑貌和个人风采。科学是神秘有趣的,科学家也是神秘有趣的,他们不像有些人想象的那样严肃、呆板、不苟言笑,他们的情商同智商一样高

 共和国大科学家故事丛书

超绝伦。他们的成功不靠偶然，不靠运气。他们从小立下凌云壮志，持之以恒，艰苦努力，排除万难，终获殊荣。

作家冰心写道："成功的花，人们只惊美她现时的明艳！然而当初她的芽儿，浸透了奋斗的泪泉，洒遍了牺牲的血雨。"

从大科学家的人生奋斗历程中，我们能悟到什么？

天赋，志向，勤奋，毅力；

创新，协作，团结，奋进；

机遇，困难，百折不挠……

由大科学家的人生中得到一点启迪，就有可能影响你的一生。今天的小读者，明天就可能成为大科学家。我期待着这套讲述大科学家故事的图书早日与读者见面，将科学的种子植入广大青少年的心田。

中国科学院院士

中国科普作家协会名誉理事长

刘嘉麒

2019 年 10 月

1　二毛的特殊洗礼 / 1
2　"烟花三月下扬州" / 4
3　胖狐狸的故事 / 7
4　永志不忘 / 10
5　来到嫘祖的故乡 / 13
6　"二毛落水了！" / 16
7　"什么是人生的色泽？" / 20
8　在雾都重庆时的年少时光 / 26
9　他选择了学农 / 34
10　走上湘西安江农校的讲坛 / 42
11　挑战权威 / 46
12　一株鹤立鸡群的水稻 / 54
13　挑战饥饿 / 59

14 禾下乘凉的梦想 / 66

15 他的松鼠朋友 / 73

16 灵感再闪现 / 79

17 在寻找"野败"的日子里…… / 85

18 "21世纪谁来养活中国人?" / 94

19 荣誉接踵而来 / 105

20 "绿色神话" / 110

21 "杂交水稻之父" / 118

22 "山外青山楼外楼" / 127

23 当被评选为院士的时候…… / 131

24 "神农"礼赞 / 135

25 获奖后的谈话 / 141

26 创新温暖世界 / 145

# 1
## 二毛的特殊洗礼

1930年9月1日，那是初秋一个风和日丽的日子，在北平协和医院的产房里，一个新的生命呱呱坠地了。

新生儿是华静女士与袁兴烈先生所生的第二个男孩。

为了纪念次子降生于北平，袁兴烈先生按照袁氏家族"隆"字的排辈，为其取名隆平，乳名二毛。

小二毛和母亲在协和医院生活了七天以后，袁兴烈接妻儿出院。袁先生特意安排人力车穿过天安门广场。可以说，小二毛离开医院，睁开眼睛看世界时，可能首先看到的就是雄伟壮丽的天安门城楼，这是我们中华民族优秀子孙以自己特有的方式为新生儿举行的一次洗礼——

气势雄伟、巍峨庄严的天安门城楼，是中华民族的一个象征。她的身后，是金碧辉煌、美轮美奂的故宫；她的前方，是巍然屹立、造型精美的华表。北京故宫、天安门、金水桥、华表……代表着辉煌灿烂的历史文明。天安门是伟大祖国的瑰宝，是政治风云际会的场所，也是一个民族文化意蕴的集中体现。她实在是一部奇书，一部面向宇宙默默打开的奇书。她写满神秘，她给人类社会留下的是无限想象的空间。袁兴烈先生作为一个爱国知识分子，每当走过天安门，一种民族自豪感便油然而生，他总会受到爱国主义的感召。这一天，作为父亲，袁先生有意将自己心灵的感召传递给刚刚降临人世的幼子，他要将自己对伟大祖国的挚爱，传递给子孙后代。

袁氏祖籍江西省德安县青竹板坡。袁隆平的祖父袁盛鉴曾任广东文昌县县令。袁隆平的父亲袁兴烈毕业于东南大学中文系，早期在平汉铁路局供职；抗日战争爆发后，他投笔从戎，在冯玉祥第二集团军任上校秘书；新中国成立前夕，他在国民党政府侨务委员会任科长。在袁隆平的记忆中，父亲是一位典型的中国知识分子，为人正直，讲究礼仪，严肃寡言，执着于事业。

袁兴烈执着于事业的性格，对袁隆平的影响是深远的，或者由于父辈基因的影响，或者是父辈训导的结果，袁隆平少年时代执着于学业，青年时代执着于事业，对杂交水稻事业终生矢志不渝。

# 2
## "烟花三月下扬州"

袁隆平的母亲华静是一位扬州姑娘。颇具盛名的扬州,在华静的心目中烙下了深深的印记,留下了天人合一的美好意境,这美好的意境,不仅伴随她一生,而且绵延不绝,代代相传。似乎二毛学会的第一句诗就是"故人西辞黄鹤楼,烟花三月下扬州"。

这一天,二毛歪着小脑袋问妈妈:"为什么那个叫李白的诗人偏偏要'烟花三月下扬州'呀?"妈妈告诉他:

"三月是扬州景色最美的时节,桃红柳绿,姹紫嫣红,桃花红了,梨花白了,各种花儿都开了……三月的扬州有说不完的秀美,道不尽的风情。扬州不仅是妈妈的故乡,也是妈妈心中一个最美最美的梦,一幅最美最美的画,一支最美最美的歌,一首最美最美的诗。"

"历史上那些才高八斗的著名诗人,诸如杜牧、杜甫、王安石、欧阳修、苏轼……都为扬州留下了不朽的诗篇。'手种堂前垂柳,别来几度春风''二十四桥明月夜,玉人何处教吹箫''春

故人西辞黄鹤楼
烟花三月下扬州
孤帆远影碧空尽
唯见长江天际流

风十里扬州路,卷上珠帘总不如''试问江南诸伴侣,谁似我,醉扬州'……"

"妈妈,扬州美景那么多,您认为哪一处最美呀?"小二毛饶有兴趣地问妈妈。

华静也便兴趣盎然地回答儿子:"扬州美景二十四处,可以说处处都很美。扬州的瘦西湖以其自然风光旖旎多姿著称于世。造物主使瘦西湖幻化出无穷的天然之趣,俨然一幅自然天成的国画长卷。烟花三月,漫步在瘦西湖畔,微风吹来,柳条飞舞,柔媚动人。山茶、石榴、杜鹃、碧桃等更是妩媚多姿,万般的诗情画意尽现其中。'长堤春柳'是瘦西湖美景之一。长堤是垂柳的依托,柳是长堤的灵魂。相传一千多年前的隋炀帝南巡扬州时,曾亲植柳树并赐柳树姓杨,从此杨柳与扬州结下了不解之缘。长堤上三步一桃,五步一柳,每当烟花三月,柳浪翩跹,莺歌燕舞,真是人间仙境啊!"

"最让人们流连的是荡舟湖上,湖面微波粼粼,湖岸绿树红花,沿岸美景纷至沓来,让人目不暇接、心旷神怡。大运河边的古渡口,还有许多古香古色的古代建筑群,美轮美奂……"

历史的沉淀,优秀的文化底蕴,深深地影响着华静,华静也总会不失时机地将自己眷恋家乡、热爱大自然的美好情感传递给她的孩子们。

共和国大科学家故事丛书

# 3
## 胖狐狸的故事

华静自幼在扬州的英国教会学校读书，能讲一口流利的英语，喜欢阅读外文书籍。她高中毕业后，担任小学教师，与时任校长的袁兴烈先生恋爱成婚。长子隆津出生以后，她便辞去了工作，成为相夫教子的贤妻良母。这位贤良的知识女性非常喜欢哲学，喜欢读英文版尼采的哲学著作，喜欢尼采的文字，喜欢尼采的激情。她说，尼采的所有文字都被激情的火烧得通红，烧得灼灼逼人。在尼采的作品里，绝对找不到语言的泡沫。

幼小的二毛，听母亲讲尼采，似懂非懂。直到长大以后，他才逐渐读懂了母亲，读懂了尼采。

这位五个孩子的母亲非常注意对孩子们进行品德教育，注意开发孩子们的智商。她说，孩子们的智商如同一座宝库，品德和情操则是打开这座宝库的钥匙。这位贤淑的母亲将她那渊博的知识化成了一个又一个动听的故事，并用这些故事来培养孩子们的美好情操。

袁隆平很喜欢小时候妈妈给他讲过的一个很有哲理的童话故事：

有那么一只胖胖的狐狸，一天，它正在觅食，听见围墙内有一群雏鸡叽叽喳喳地叫着，那叫声很甜美。狐狸听着那雏鸡王国的甜蜜对话，馋涎欲滴，便四处寻找进口。终于，它发现了一个小洞。可是洞口太小了，它那肥胖的身躯无法进入。于是，这只狐狸便绝食五天，饿瘦了自己的身躯，终于穿过了那个小洞，贪婪地吃光了小院里的雏鸡。这时，它发现自己肚皮吃得鼓鼓囊囊的，根本无法钻出那个小洞了。无奈，它又绝食五天，再次饿瘦了身躯。结果，回到院墙外的狐狸，依旧是原来那只狐狸。

袁隆平的启蒙教育，完全得益于会讲故事的母亲。少年袁隆平犹如一条清澈见底的小溪，在母亲的怀抱里轻轻流淌。那是编织美梦和幻想的年华，那是激情涌动的年华。教师出身的华静，非常珍视孩子们那种涌动的激情。她认为，儿时的激情是一种力量的源泉，是健康成长的原动力，是走向成功的起点。母亲讲的那个胖狐狸的故事，小二毛终生难忘。长大成人以后，他渐渐明白了母亲给他讲这个故事的良苦用心：善良的母亲是在用这则故事教育她的儿子，要学会节制自己的欲望。他也渐渐地体味到了古人说过的"无欲则刚"的道理。

# 4
## 永志不忘

二毛小时候随母亲在庭院乘凉时，最爱看天上那密密麻麻的星星。母亲告诉他，天上的每一颗星星，都与地上一个有名望的人物相对应。为此，每到夜晚，他总是痴呆呆地凝望着星空，寻找属于自己的那颗星星。可是，星星太多了，哪一颗是他的呢？有时，他看到流星的陨落，只那么一闪，就消失在夜空中了，这使他感到很茫然。他问母亲，母亲告诉他，每当天上有星星陨落，地上便有一位有名望的人物死去。唯有在银河两旁勤于耕作的牛郎星和勤于编织的织女星永不陨落。这时，小二毛便在心中默念着：我长大以后，一定要像牛郎那样，勤于耕种，收获很多很多的粮食，好让穷苦人吃饱饭。

二毛六岁那一年，初秋季节，他随母亲到汉口郊区一家果园去游玩。那果园真是美极了，那里有红红的桃子、绿绿的葡萄。果树之间的空地上，间种着在那个年代还稀有的西红柿。毛茸茸的枝杈上，结着红、白、黄、绿几种颜色的果实，煞是

好看。还有那葱绿的片片竹林……小二毛爱上了这美丽的果园，爱上了这绿色的世界，他实在不愿离开这里——从那个时候起，每到桃子成熟的季节，记忆中那个美丽的果园便飘进他的心灵。那果园在他幼小的心灵中真是一片永不消逝的绿洲，如烟如雾，如梦如歌。他意识到自己幼小的生命是与那绿色世界联系在一起的，是与大自然融为一体的。

就是这次郊游，奠定了袁隆平理想的基础，乃至影响了他的一生。

爱因斯坦五岁时就对罗盘产生了兴趣，最终成为物理学界世界级的泰斗；达尔文自幼便对身边的昆虫爱得如醉如痴，终于跨入了生物学的殿堂，创立了"进化论"学说。少年时代的袁隆平对大自然充满梦幻般的憧憬，对绿色世界怀有一份奇妙的童心。他的母亲华静珍视儿子的童心，善于发现和培养他的兴趣。这位聪慧贤淑的母亲，意识到兴趣往往是成功的先导，在适宜的条件下，兴趣会帮助孩子确立未来的理想，会成为他矢志不渝的动力。

# 5
## 来到嫘祖的故乡

1937年7月7日,发生了卢沟桥事变,日军发动全面侵华战争,在侵占华北后,不久又将铁蹄踏向上海、汉口和广州。战火由北向南、由东而西地全面燃烧起来。许多不愿当亡国奴的同胞,扶老携幼,逃向大后方。

1938年的春天,袁隆平随父母从汉口动身,乘坐一只小木船,由水路逃至湖南,历时20多天,到达湘西的桃园镇。袁隆平在桃园镇度过了他短暂但终生难忘的梦幻般的世外桃源生活。

相传,这个桃园镇就是晋代大文学家陶渊明在其著名散文《桃花源记》中所记叙的"仙境",这里景色绝美,无与伦比。

桃园镇坐落在湘西北距"桃花源"不远的地方。走出桃园镇,便有一条小路曲曲弯弯地穿行在桃林与竹丛之中,骑在牛背上的牧童,提着竹篮在湖边洗菜的少女,农家的炊烟缕缕袅袅,团团片片,直上青天……这一幅幅天然的美丽图画,对于自幼在大城市长大的袁隆平来说，真是又新奇又美妙。他很快便爱上了湘西，爱上了桃园镇的一切。

古文造诣很深的父亲感慨地吟诵出他所景仰的屈原辞赋中的一段：

与天地兮同寿，与日月兮齐光，
哀南夷之莫吾知兮，旦余济乎江湘。
……

吟罢，他告诉儿女们："屈原在诗中说的是他在一个多难的黎明来到湘楚。我们是在两千多年后，因多难的祖国遭到日军入侵而来到了屈原落难时流浪过的沅水之滨。此时此地重温屈原的诗句，倾听他的哀叹，心中别有一番滋味……"

一向乐观向上的母亲华静却是随遇而安。

传说，美艳的桃园是嫘祖的故乡。身处嫘祖的故乡，华静给孩子们讲述了嫘祖娘娘的故事：

"古代，我们的祖先原本穿兽皮，披树叶。是嫘祖发明了养蚕、缫丝、织布，人们才告别了原始的穿着，生活才变得越来越美好。

"嫘祖的故乡传说在湖南的云毓山。一天，嫘祖上山采药，发现许多白白胖胖的虫子（野蚕）在吐丝织茧。嫘祖想：这不

共和国大科学家故事丛书

就是'天虫'吗？于是，她随即产生了一种灵感——如果把这些'天虫'移入家中养殖，它们便会天天吐丝，而后，把它们吐的丝织在一起，做成衣裳穿在身上，岂不好看些？岂不舒服些？

"就这样，嫘祖发明了养蚕织布。

"后来，嫘祖与轩辕黄帝结为夫妇。她经常随黄帝出游，足迹遍布神州大地。嫘祖在出游中，'教民养蚕，治丝茧，以供衣服'。于是，养蚕织布的技术很快传遍神州大地。所以，后人把嫘祖奉为'蚕神'来祭祀，还把云毓山的一座山峰称为'嫘祖峰'。

"远在商周时代，我国就能织出华美的丝绸和五彩缤纷的锦缎。公元前，我国的丝绸技术便传到了西方。到唐代时，我国的丝绸业已经很发达了。6世纪初，波斯帝国曾派专使来我国学习养蚕和纺纱织布的技术。我国的丝绸制造技术还通过丝绸之路，传到巴基斯坦、尼泊尔、印度、希腊和罗马。希腊人干脆称中国为'丝绸之国'。

"嫘祖对人类的贡献实在太大了，所以有许多关于她的传说流传在民间。人们说嫘祖是追日的夸父和填海的精卫生下的女儿，所以，嫘祖身上具有父亲百折不挠的意志和母亲锲而不舍的精神。"

二毛听完母亲的讲述，赞叹道："嫘祖真是了不起，我长大了也要做嫘祖这样的人。"

二毛的一番话，自然是备受母亲的夸奖。

# 6

## "二毛落水了！"

桃园遭轰炸后，华静因惊吓过度，提前产下了她的第五个儿子隆湘，乳名五毛。为了躲避日军飞机的狂轰滥炸，就在1939年的除夕之夜，不足满月的小五毛依偎在母亲的怀抱里，随全家人一起，乘坐一条小木船，走沅水，入洞庭，逆流而上，逃往重庆……

桃园镇的孩子们跟二毛这个逃难来的小少年早已成为好友，当二毛一家要离开时，小伙伴们难过极了，他们抱着二毛哭得很厉害，二毛的爸爸善意地说："孩子们不要哭，过几天二毛就会回来的。"

汹涌澎湃的长江，滚滚向东流。

寒冬的长江上空，乌云低沉，一片灰蒙蒙的。袁兴烈一家七口人乘坐木船，逆流而上。

人所共知，顺水行船省时省力，有风无风、挂不挂帆，都能顺流而下，"千里江陵一日还"说的就是这种情景。逆水而上，则费时费力，困难重重。有时遇上浪涌，撑一篙，船还要倒退三尺，几乎一路上都需要纤夫拉纤。

一路上，懂事的二毛与老船工聊天，老船工们苦中取乐，说："二毛，唱支歌吧！"

二毛回答说"好啊"，于是，他站立船头，放开稚嫩的嗓子，大模大样地哼起当年流行的纤夫曲：

"吆哎吼，吆哎吼，大家一起用力拉，用力拉！我的肩膀好痛啊……"

善良的母亲看着纤夫肩上的道道伤痕，一声不响地回到船舱，拆了小五毛的小花被，给纤夫缝了条宽宽的纤绳套，又找了丈夫的旧布鞋，送给那位年长的纤夫。

老纤夫感激地说："我们弄船人吃的就是这碗饭，哪一个人肩上、脚上不是血痕加血痕、老茧叠老茧啊！"

老纤夫们用力拉着纤绳，吃力地在行进……

隆冬季节，江面上浮着碎冰。纤夫们穿着单薄的破衣衫，裸露的腿上，冻得起了紫红色的冻疮。因为冬季江水浅，船只能走江心，这样一来，纤绳就不够长了。船驶入急流时，纤夫们不得不跳进冰冷的江水中推船拉纤，有时甚至用肩、用背推着船前行。

二毛站立船头，怀着崇敬的心情全神贯注地凝视着岸上的纤夫。小他四岁的四毛走过来同他说话，他也顾不得理睬，四毛一怒之下，便将哥哥推下了船。二毛虽然在桃园学会了游泳，但在湍急而冰冷的江水中却难以施展，只有拼命挣扎。四毛见状，惊吓得哭叫道："二毛落水了！"

老船工闻声不顾天寒水冷，纵身跳入江中，将二毛托出水面。二毛得救了，一家人对老船工感激不尽。他们忙着为二毛和老船工换衣服、保暖。四毛吓得哭了起来。就是从那时候起，二毛下定决心，要学会在大江大河中游泳，长大要像老船工那样，遇险救人……

# 7
## "什么是人生的色泽?"

低沉的天空,朦朦胧胧的雾霭笼罩着坐落在长江与嘉陵江交汇处的这座山城。这座背靠青山、面向大江的山城,远远近近的景物显得模模糊糊,似乎被水浸泡过一般,湿漉漉的。不知在江上颠簸了多少个日日夜夜,袁兴烈一家七口终于到达了抗日战争时期的大后方——重庆。

重庆这个城市与水有缘。浩浩荡荡的长江流经这里就变得水平岸阔。贴着这座层层叠叠的山城,长江拐了几个大弯,与嘉陵江交汇,就使得重庆有了一种得天独厚的感觉。

袁隆平在重庆生活了8年。袁家大大小小搬过好几次家,搬来搬去都是在水边,如同孙悟空逃不脱如来佛的手掌心。

无论长江岸边还是嘉陵江岸边,都分布着许多大大小小的茶灶。贫苦的市民用砖头垒起一口老虎灶,支起几只瓦罐似的水壶,舀取灶头后面的江水来煮。只要花上一个铜板,人们便能买上一壶开水。少年袁隆平每天放学后,第一件事便是为母

共和国大科学家故事丛书

亲去茶灶买一壶开水，一家人饮茶冲凉便全靠这壶水了。

尽管中华大地燃烧着抗日战争的烽火，但这座被称作陪都的重庆还是很繁荣的。

当年重庆的繁荣，当然是与两条江水分不开的。是水的流通引来了舟楫，发展了水上运输。水上运输不仅运费低，而且因为在大山峡谷之间，这在战争年代比陆地运输更为安全一些。袁隆平记得，在离他家不远处，一年四季都有载着瓜果蔬菜和粮食的船只往来。若是买菜买粮，只需走下临水码头就可以买到。每隔三五天，母亲还可在码头买到鲜艳的花束。

袁隆平的母亲是一位文化素养很高的女性，她天生爱花，也喜欢插花艺术。

当年，袁家租住的房屋面积很小，但母亲常说："室雅何须大，花香不在多。"母亲总是把房间收拾得整整齐齐，特别是她的插花，让小房间熠熠生辉。

每逢从码头回来，母亲总要捧回一束很便宜的野花。一开春，母亲便开始插花，最早是黄色的迎春花，而后便是白色的丁香花，接着是紫色的野蔷薇、红色的野玫瑰……秋天是金色的野菊花，冬天，母亲还在瓶里插上一两枝松柏枝。那松柏枝也给斗室带来满屋清香，几个孩子常常围着松柏枝写作业。有时见孩子们写作业累了，母亲就给他们讲松柏的风格。这位贤达的母亲，不只是希望孩子们努力读书，还希望他们有良好的人格和高尚的情操。

袁隆平那时候在嘉陵江学游泳，常从江边捡些好看的河流石带回家来，因为母亲喜欢收藏各式各样的河流石。母亲端详着花纹各异的河流石，对二毛说：

"二毛，这些好看的河流石，多少万年以前，它们也许有棱有角，有锋有芒，在漫漫历史长河中，它们曾为改造大自然立下不朽功劳——用它们锋利的尖角开挖河道，用它们的身躯加固河床。那尖锋曾是我们祖先挑战大自然的工具。总之，它们曾是改天换地的先驱……

"一颗小小的石子可以找到自己存在的价值，我们作为一个人来到世间，同样不可苟且偷生。要去改造自然，让大自然变得更美好；要去改造世界，使世界变得更理想。倘若我们每个人都能够发挥那种创造力，那么，这个世界将会变得更美好。"

"妈妈，我们应该怎样去发挥自己的创造力呢？"二毛若有所思地问妈妈。

妈妈告诉他："小时候，努力学习文化知识；长大了，用自己学到的文化知识做自己喜欢做的事情。"

一天，二毛捡到了一枚闪闪发光的河流石，小伙伴们都说这是一块天然钻石。二毛欢天喜地地跑回家里，拿给妈妈看。

妈妈摇摇头说："这是一块漂亮的河流石，但它不是钻石。"

"那钻石是什么样子的呢？"二毛问妈妈。

妈妈告诉他："钻石就是人们常说的宝石。钻石有十几种色泽，但其中最优异的是那种无色的钻石。因为这种无色钻石在黑夜发出的光最亮，只有在漆黑的夜里，人们才能看到它那令人叹为观止的色泽。"

妈妈看了看孩子，接着说："无色钻石的色泽真实而自然，质地非凡。同样，人生的色泽倘若是真实而自然的，那么他的气质也是非凡的。"

小二毛忽闪着一双大眼睛问妈妈："什么是人生的色泽呢？"

妈妈微笑着回答说："虚荣不是，浮华也不是；得意的脸不是，骄傲的心也不是；名位不是，权势更不是。人生的色泽不是别的，是专注于自己所从事的事业，这是最美好的道德品格。"

从教会学校毕业的母亲，时常挂在嘴边的一句话是："上帝给你的不会太多。"二毛毕竟年纪尚小，他对母亲的话似懂非懂。长大成人以后的袁隆平，回想儿时母亲讲过的话，渐渐地从中悟出了一个道理：人不可贪婪，学会拥有，也须学会放弃。

在袁隆平家的院子里有棵橘子树，树冠尚小，枝杈也显得干瘦，本无亮丽之处，可它却撑起了另一个灿烂的生命：一株花红叶绿的凌霄花正在攀缘着它生长。那凌霄花生来花朵张扬，藤蔓更为张扬，它在橘子树的树干上盘绕几圈之后，竟然爬上了树冠。

一天，妈妈走来，用剪刀剪断凌霄花的枝蔓，并把它从树上扯下来，抛得远远的。二毛不解地问妈妈为什么把那么好看的花给毁掉。妈妈问他是喜欢吃橘子，还是喜欢看花。小二毛说两样都喜欢。妈妈说，二者不可兼得。二毛问，为什么？妈妈告诉他，那凌霄花虽然很好看，但它太张扬了。它张扬着攀来攀去，它依附，它寄生，它吸尽橘子树的汁液，橘子树便要枯萎了。所以，二者不可兼得。

"肯于索取，也肯于舍弃，二者不可兼得。"这是袁隆平成人以后从母亲的教诲中悟出的一个人生哲理。

袁兴烈一家人在重庆一住就是 8 年。父亲袁兴烈是一位学识渊博的军人，因积极抗日，颇得国民党将领孙连仲的赏识，被委任为第二集团军驻渝办事处的上校秘书。

随着父亲的升迁，二毛的家境也日渐好转。后来，他一家迁居到嘉陵江南岸，当年的门牌为周家湾狮子口龙门浩 27 号。

龙门浩这条长街，街巷深深，全由青石板铺得整整齐齐，曲曲弯弯地顺着山势向前延伸。两旁民房多是二层小楼，一片灰黑色。少年袁隆平走在这条长长的青石板路上，好像总也走不完。

# 8
## 在雾都重庆时的年少时光

1939年8月,袁隆平与弟弟袁隆德一同走进嘉陵江畔的龙门浩中心小学读书。

嘉陵江,波涛滚滚,它穿过奇峰峡谷,来到山城重庆。一路上,时而汹涌澎湃,时而清澈宁静。袁隆平放学之后,经常邀上几个小伙伴,带上四弟隆德,跳入嘉陵江,游向江心,好不欢畅。

一天傍晚,父亲站在楼上远眺,发现嘉陵江中有两个黑点一前一后在游动。已经是放学时分,两个孩子却不在家中,他心中就有些疑虑,便拿来望远镜仔细观看。这一看吓了一跳:原来正是自己的两个儿子在江中游泳。他疾步走向江边,大声呼叫,才把隆平和隆德叫上岸来。父亲责问隆平说:

"你自己喜欢游泳,水性也好,偶尔一游,倒也罢了,为何要带水性不好的隆德一起来耍?"

"隆德水性不好,更需要学习锻炼嘛!"

"出了危险怎么办？"

"请老爸放心，有我'浪里白条'在此，能确保隆德平安！"

一句话，把父亲给说乐了。

"呜——呜——呜——"

急促、凄厉的空袭警报声，一次又一次在重庆上空响起。

预告空袭的信号弹，在引人注目的地方一次又一次升空。

紧接着，日军飞机飞临头顶。它们盘旋了两圈后，将重磅炸弹倾泻下来。顿时，爆炸声震耳欲聋，燃烧弹引发的冲天大火，烧向民房、高楼，美丽的山城变成一片火海……

袁兴烈不顾一切地带着两个儿子冲进防空洞。

空袭警报解除后，他们一家人聚在一起。这时，他们看到的山城已经变得面目全非，房倒屋塌，尸横遍野，惨不忍睹。这一页历史深深地留在少年袁隆平的记忆中，从而更激发了他的爱国主义情感。

学校为了躲避日军飞机的轰炸，时常让学生躲到郊外的壕沟里去上课。就在那阴森森的壕沟里，袁隆平学会了他永生难忘的抗日救亡歌曲：

……

中国不会亡，

中国不会亡！

你看那八百壮士孤军奋守东战场！

四方，都是炮火，

四方，都是豺狼。

宁愿死，不退让！

宁愿死，不投降！

……

伟大的抗日战争，使整个中华民族经受了战斗洗礼，也使得袁隆平一家东奔西逃。国无宁日，居无定所。虽说家住大后方，但屡遭敌机轰炸，屡屡迁居，食品和日用品极度匮乏，父亲的薪水入不敷出。昔日不愁衣食的高级职员，与全民族共同承受着生活的艰辛。自幼便受到爱国主义熏陶的袁隆平，总是怀着激愤的心情，在课堂，在游行队伍中，高唱一支又一支救亡歌曲。那一支支救亡歌曲，像一把把火炬，点燃在少年袁隆平的心头：

同学们，

大家起来，

担负起天下的兴亡！

听吧，满耳是大众的嗟伤；

看吧，一年年国土的沦丧！

我们是选择战，还是降？

我们要做主人去拼死在疆场。

我们不愿做奴隶而青云直上！

……

袁隆平放学回家后，常和弟兄们同唱救亡歌曲，爸爸、妈妈也和着孩子们唱，唱得雄赳赳，气昂昂。

父亲告诉孩子们，日军从1939年至1941年对重庆大轰炸的三年间，不足九万平方公里的重庆市，遭受了近万次空袭。这是人类历史上空前的惨剧！父亲悲愤地说：

"你们弟兄应该永远记住中华民族遭受的这段悲惨历史。"

袁隆平眼含泪水，懂事地冲父亲点点头。

袁隆平在少年时代，最先听到的呐喊就是"抗日救国"。多灾多难的祖国，千疮百孔，给幼小的袁隆平心头打下了深深的印记。他从小立下志向，长大要成为一个与祖国人民同甘苦、共患难的有用人才。

1941年12月7日凌晨，日军偷袭珍珠港，太平洋战争爆发，日本已无暇东顾。中国抗日战争时期的陪都重庆，恢复了

共和国大科学家故事丛书

昔日的平静，被日机炸毁的街面店铺和民宅开始修复，袁隆平的学习和生活也开始走向正常。

1942年8月，袁隆平在龙门浩中心小学学业期满，考入重庆市复兴初级中学。刚满12岁的袁隆平，已经是中学生了。这时，爸爸、妈妈喊"二毛"少了，都改口叫"隆平"这个学名了。

进入中学以后，袁隆平感到很兴奋，因为中学增加了代数、物理等新课程。这些新课程，对长于思考、喜欢提问的袁隆平来说，是很有趣味的。第一堂代数课，他便提出了一个令老师难以说得清的问题：

"老师，负数乘负数，为什么会得正数？"

"小同学，你们刚开始学代数，只要准确地记牢法则，按照这条法则去运算就可以了。"老师说。

有一堂物理课，老师讲了著名物理学家爱因斯坦关于"物质能量"的方程式，袁隆平聚精会神地听完老师的讲解后，忽闪着一双大眼睛，好奇地问道：

"老师，为什么物质的能量和光速的平方成正比呢？"

这的确是一个难以解答的问题，它是著名科学家爱因斯坦本人花费了10年时间，于20世纪20年代才得出的一个著名的公式。但袁隆平的勤学好问，还是博得了老师的赞扬。

袁隆平在少年时代，几乎对身边的一切都饶有兴趣，几片落叶，一窝蚂蚁搬家，都能让他凝神一个时辰。懵懵懂懂之中，他开始思考生命的奥秘……

正是因为袁隆平有着一颗好奇、淳朴的童心，才有他成年以后在科研事业中的豁达、坚毅与率真。

袁隆平少年时代兴趣广泛，喜欢音乐，爱好体育，尤其酷爱游泳。他曾立志学习老船工过硬的游泳本领。在桃园，他学会了蛙泳和仰泳；来重庆后，又学会了自由泳，并且几次横渡长江。

抗日战争胜利后，由于父亲的工作又有变动，袁隆平一家人于1946年6月由重庆迁回汉口。袁隆平转入汉口博爱中学读书。

1947年夏季，湖北省举行游泳比赛，袁隆平跃跃欲试。

当年，袁隆平尽管已经年满17岁，但因发育较晚，个子矮小，体育老师不肯推荐他参加市区选拔赛。

怎么办？同学们帮他出了个主意——在汉口市区举行选拔赛那一天，他尾随参赛同学溜入赛场。选拔赛开始了，只见袁隆平那灵巧的身姿在游泳池里如同一条飞鱼，以奇快的速度冲向终点。他成功了，他获得了汉口赛区男子自由泳第一名。接着，他以湖北省预选赛第一名的好成绩，参加了省级比赛，获得湖北省男子自由泳第二名,从而为博爱中学赢得了前所未有的荣誉。

可以毫不夸张地说,袁隆平自青少年时代起便是智慧、执着、诚实、坚忍的典范。因为有了这些美德,所以,他才能以坦然、自信、微笑来面对未来的漫漫人生。

# 9
## 他选择了学农

1948年初,随着袁兴烈工作的再一次变动,袁氏一家人迁居南京。18岁的袁隆平转学进入南京中山大学附中高中部二年级就读。

1949年夏季,袁隆平高中学业期满,面临着高考的选择。报考哪一所大学呢?

这一天,袁兴烈叫来妻子华静和儿子隆平,共同商讨隆平的发展方向。

当年在南京政府侨务委员会事务科任科长的父亲,期盼儿子更有出息,因此,他希望隆平报考南京中山大学,以便日后学业有成,继承父业。

此时,袁隆平的思绪却飞向了汉口市郊外那片美丽的果园。那红红的桃子,那灿若云霞的樱桃,还有那青草绿树,都深深地吸引着他。每到桃子成熟的季节,记忆中的那片果园便飘进了他的心田。那片果园在他的心目中如同一片绿洲,似烟似雾,如梦如歌……那美妙的园艺场吸引着他立志学农。

他的思绪又飞回了重庆。迁居南京一年多来，他时时刻刻思念着重庆，他一直把生活了8年的重庆当成他的第二故乡。一曲四川民歌，一句四川乡音，便能把他带回到重庆周家湾的青石板街。这种浓浓的思乡情，常使他的心飞越三千里关山，飞回故地，他心中总是郁积着这种乡情……他怀念重庆，怀念那美丽的嘉陵江水，所以，他决心到重庆相辉学院去学农。

父亲见儿子低头不语，便问他："隆平，你未来的志向是什么？"

"我想成为一个农业科学家。"袁隆平回答得很干脆。

"你想成为一个浑身庄稼味的学者？"父亲反问他。

"试想一下，这人世间倘若没有庄稼味儿，而只充斥着铁血味儿、硝烟味儿，该是多么可怕！"

这时，善良的母亲华静赶忙说："隆平，爸爸的意见你应当好好考虑。当然，你的理想也不错。古人说，皇天后土，衣食父母。立志学农也是一种不错的选择。"

颇具民主思想的父亲，深知儿子的性格。既然儿子已立志学农，他也只好尊重儿子的意见，便问：

"那你想报考哪所学校？"

"我想报考重庆相辉学院农学系。"

父亲思忖了一下说:"相辉学院倒是一所师资力量相当雄厚的高等学府。抗战期间,上海复旦大学曾西迁到相辉学院。"

显然,这位开明的父亲同意了儿子的选择。

1949年8月,袁隆平告别了南京,告别了父母,赶往他向往已久的重庆相辉学院。

袁隆平把自己喻为一粒种子。种子选择了孕育它的土地。

有人把生命喻为一扇门,不同的人,总是以不同的方式推开它。袁隆平以"立志学农"的方式,推开了他的人生之门。

抗日战争期间培育的"陪都文化",在中华大地产生了巨大的影响和强大的凝聚力。新中国成立前夕,一大批青年学生从祖国的四面八方向重庆聚集。袁隆平来自南京,他的好友梁元冈则来自香港。梁元冈在香港不堪忍受英国人的压迫和欺侮,毅然来到重庆。这些胸怀大志的年轻人,来到相辉学院以后,尽管条件非常艰苦,但生活非常愉快,思想非常活跃。一代朝气蓬勃的青年人,在"陪都文化"的影响和熏陶下,开始了他们的大学生活。

1949年11月,重庆解放了。山城在中国共产党的阳光照耀下获得了新生。

1950年9月,在全国高等院校调整中,一所新型的农业高等学府——西南农学院诞生了。

袁隆平以饱满的热情投入到了这所新型的农业高等学校的怀抱之中。他乐观开朗，脸上总是挂着一种发自内心的笑容。从这笑容中，同学们可以察觉到，他的心境是平静的，是坦然自若的。他在同学中的人缘极好，同学们都愿意与他交谈。在交谈中，同学们发现他不仅满腹经纶，而且还有满肚子的故事和笑话。所有故事一经他叙述，总是绘声绘色，惟妙惟肖。同学们都喜欢和他开玩笑。他喜欢看书，爱逛书店，喜欢购买英文杂志。课余时间，他在图书馆埋头阅读英文和俄文图书。他开始接触世界知名的生物学家米丘林、李森科、孟德尔、摩尔根等人的学术观点和学术思想，并对他们每个人的学说进行比较和研究。他以为不应该单纯地、被动地去吸收科学知识，更重要的是要靠理性来判断其价值。理性的判断，往往是获得真理的桥梁。

当年，许多社会主义国家的学者对米丘林、李森科的学说推崇备至，但年轻的学子袁隆平却不盲从，他用自己的头脑去感悟，去分析。他以为，关于科学的诸多学说，不应为"耳目"所误，不应为世俗之偏见所淤塞，不应只停留在浅薄的感官世界里。学习科学知识，不应在入门之初就囿于某种偏见，更不应被偏见主宰。袁隆平的这番见地，险些给他的后半生招来灾祸。

袁隆平学习努力，但他不是书呆子。他的爱好十分广泛。他喜欢唱歌，也喜欢乐器。课余，他常哼一曲小调，把生活点缀得情味十足。他尤其喜欢小提琴。在他考入相辉学院不久的一天，他正在宿舍与同学们闲聊，忽然一阵优美的小提琴声悠然飘来。听得出，那琴声来自隔壁。他推开隔壁的房门，只见一位同学站立窗前，正全神贯注地拉琴。袁隆平如遇知音，诚恳地拜这位同学为师。从此，他省下父母给的零用钱，买了一把廉价的小提琴，随那位学友学习拉小提琴。那位同学鼓励他说："你的手很灵巧，乐感也不错，将来准行。"

果然，袁隆平不仅乐感好，悟性也好，进步很快。就在这一年系里举办的新年晚会上，他与那位学友合作演出了小提琴二重奏，很受欢迎。

西南农学院坐落在半山腰，山脚下便是嘉陵江。江上白帆点点，号子声声。有时他拿着一本书，坐在校园操场的台阶上，默默地注视着绿绿的嘉陵江水，聆听着那江轮上悠扬的汽笛声。他不仅是嘉陵江水的观赏者，而且是嘉陵江水的搏击者。每逢节假日，他便与几个会游泳的同学结伴到嘉陵江上畅游。他们故意选择水流湍急的地方，拼命地逆流而上。虽然大家累得张着口直喘气，但是他们感到一种拼搏的满足。来到岸上，他们便开始追逐嬉戏。那是一个无忧无虑的学子时代。

袁隆平"浪里白条"的绰号，从小学一直带入大学。到大江大河里去畅游，始终是他的课余爱好。

1951年春季，贺龙同志在成都主持了西南地区第一届运动会，袁隆平作为西南农学院的运动员代表，夺取了西南地区游泳比赛第四名。大学时代的袁隆平，被誉为西南农学院的"体育明星"。

1951年夏季，在抗美援朝的热潮中，袁隆平怀着保家卫国的热忱，唱着"雄赳赳，气昂昂，跨过鸭绿江……"的志愿军战歌，走进重庆市征兵办公室，毅然报名参加志愿军，决心投笔从戎。

光荣榜贴出来了，袁隆平体检合格了，成了西南农学院被录取的八名飞行员之一。正当袁隆平一行人整装待发之际，国务院做出决定，因急需要在校大学生参加国家经济建设，这批学生一律留校继续读书。这次投笔从戎尽管未能如愿，但反映了袁隆平热爱祖国，听从祖国召唤的赤子之心。

转眼之间，袁隆平在西南农学院四年的学习生涯即将结束。毕业以后到哪里去？袁隆平面临着又一次选择。

从小学到大学，他在重庆整整生活了十二个春秋。他爱重庆周家湾龙门浩的青石板街，爱重庆的嘉陵江水……他多么希望留在重庆的农业科研单位啊！

然而，学校发出了号召，号召应届毕业生到基层去，到农村去，到艰苦的地方去，到祖国最需要的地方去！

袁隆平经过激烈的思想斗争，在毕业分配志愿书上，毅然填写下了这样一句话：

到最艰苦的地方去，到祖国最需要的地方去！

别了，母校！

别了，龙门浩！

别了，重庆！

袁隆平拿着毕业分配通知书，赶往湖南省农业厅报到。在那里，他知道了他要去的地方是湖南省最偏僻的湘西安江农校，他将成为这所农校的教师。

袁隆平常常把自己比作一粒种子。既然是种子，撒在哪里都会生根发芽……

# 10
## 走上湘西安江农校的讲坛

袁隆平拿着湖南省农业厅的一封信，提着简单的行李，奔向了安江农校。

他先是绕道乘火车，再坐汽车，而后是坐马车，再后来便是背着行李，徒步翻越雪峰山，历时半个多月，行程一千余公里，终于风尘仆仆地来到了唐代著名诗人王昌龄被贬任职的黔阳县（今洪江市），那时叫龙标。诗人曾有诗句抒发自己当时的心情："莫道弦歌愁远谪，青山明月不曾空。"

袁隆平走进安江农校，开始了长达20个春秋的教学生涯。

安江农校坐落在偏远的湘西，是由古老的圣觉寺改建的。校园被雪峰山环抱着，湍急的沅江水穿过峡谷，奔流其间。那高高的雪峰山，山势险峻，峭壁剑峰，一尊尊，一柱柱，高耸挺拔，令人惊叹。清清的沅水，顺山势流淌，一路留下长长的画卷。

走进校门，只见古松翠柏环抱，几只老鸦栖息在古树的枯枝上，寺内却不见了泥塑菩萨。袁隆平不由得浑身一悸，他似乎品尝到了个中的寂寞。但他转念一想，寂寞也不是坏事，我国的荒刹古寺曾孕育了中华文明。唐代著名高僧玄奘从西域取经回来，在慈恩寺中埋头多年，将经文译为汉文，成就了不朽的佛教文化；还有明清时代的八大山人、弘仁、虚谷等著名书画家，他们的作品也都出自古寺。诸多高僧在古寺中，潜心修炼，断了俗念，不再追逐名利，后来却很有作为。

古寺除可供农校使用的十几间空房之外，还有一口吊钟。每当上下课时，学校的勤杂工便拿一根耙齿敲上几下。那钟声十分洪亮，在山间久久回响。

当时新中国成立不久，我们的国家百废待兴，还拨不出更多的经费来为这所农校提供物资、扩建校舍。

教师宿舍也很简陋。袁隆平住进了一间原来很可能是小和尚住的老屋。这间老屋实在是太老了，土墙，木梁。站在屋里，上可见檩椽，下可见沙墙泥地。老窗户四处透风，破旧不堪。

不过，住老屋也有住老屋的乐趣，可与梁上双燕分享筑巢育子的快乐。只见那双燕子，在霏霏细雨中飞来飞去，几百次、几千次地往返，匆匆奔忙，衔泥筑巢。为了共同的使命，它们不辞辛苦，配合默契。第一天，一个半圆形的泥巢便有了一个轮廓；第二天，那泥巢中便铺就了软软的草褥；没过多久，燕巢里便传出了乳燕呢喃的叫声。于是，燕子一家的快乐时光便从此开始了。

年复一年，有灵性的家燕春天来了，秋天去了，年年与他相伴，年年带给他欢乐。

中国大地上有多少寺庙，已无法统计。袁隆平不信佛，但以前每逢见到寺庙，他总要进去观光，或是欣赏寺庙中的壁画和泥塑艺术，或是感受其隔绝红尘的气氛。可是如今，袁隆平却要以寺庙为家，长期居住其间，真是别有一番滋味在心头。

走出老屋，只见一条山石小路曲曲弯弯地通往校园深处。他凝视着这凹凸不平的小路，默默地感叹道：这曲曲弯弯的小路不正是象征着人生的轨迹吗？

小路的四周几乎都是山，绿色的山峦将这老屋深深地环抱在其中。那绵延不断的青山绿水，那苍翠无边的树林和竹林，将老屋与外面喧嚣的世界隔绝。

来到地处湘西的安江农校，袁隆平首先想到的是少年时代母亲教他背诵的古文《岳阳楼记》。当年母亲要他们弟兄死记硬背：

　　……居庙堂之高，则忧其民；处江湖之远，则忧其君。是进亦忧，退亦忧。然则何时而乐耶？其必曰：

"先天下之忧而忧，后天下之乐而乐"……

如今，他脚踏的湘楚大地，正是孕育这篇《岳阳楼记》的地方。这时他才懂得《岳阳楼记》所描绘的是一种典型的东方式的忧患意识和献身精神。应该说，这是出自湘楚大地的一种高洁的忧患意识，在中华民族的历史上，代代相传，生生不息，具有不朽的魅力。

袁隆平清醒地意识到，湘楚的人文精神，贯穿着一种博大气概，就在这片镌刻着《岳阳楼记》的土地上，诞生了数以千百计的名人学者。古代的周敦颐、魏源、王夫之等，近现代的谭嗣同、黄兴、蔡锷等，特别是20世纪初诸多革命领袖，如毛泽东、刘少奇、彭德怀、贺龙等，皆出自湘楚大地。源远流长的湘楚文化，陶冶着湘楚大地一代又一代人的高尚情操。袁隆平想到自己既然投身于湘楚大地，就应甘愿将自己的根植于湘楚大地的沃土之中，以自己崇高的理想和不懈的努力去开创未来。

# 11
## 挑战权威

坐落在湘西深山地带的安江农校，渐渐地将袁隆平熏陶出了庄稼味儿。湘西的大地接纳了他，湘西的庄稼人接纳了他。湘西的大地是宽广的，湘西的农民是善良的。

他带领学生们在稻田里搞试验，总是身先士卒，脏活儿、累活儿干在前面。他每每来到稻田里，总是将鞋子扔到一边，脱下袜子，挽起裤脚，赤足踏田。脚板与泥土的摩挲，使他感到非常惬意，稻田里的那种芳香的气息，也使他陶醉。

他赤脚在稻田里插秧、薅草，以自己的肢体与土地交流，用自己的肢体揣度水田的深浅和红土壤的松黏。当年人们大多使用农家肥，脏是脏了些，可是这个自幼在大城市里长大的知识分子，硬是不怕脏。袁隆平就是这样心甘情愿地与土地厮守。他热爱土地，土地也以丰厚的果实加倍回报于他。当然这是后话。

锄禾日当午，太阳火辣辣地悬在当空，忙了半晌的农民懒懒地来到榕树荫下，袒胸露背躺在青石板上，凉风习习吹来，好不惬意！此时的袁隆平，依然头顶烈日，在田里劳作。

"袁老师，该歇息了！"善良的农民劝说着。

"袁老师，快过来抽袋烟吧！"已经将烟丝装好的农民大声招呼着。

袁隆平这才走近大榕树，坐在青石板上，从农民手里接过烟袋，默默地、大口大口地抽起来。微风从沅水河对面吹来，夹着凉凉的水汽，汗淋淋的身子顿时干爽了许多。与农民并肩坐在田头，他总有说不完的话。

一位作家曾说过："学者与平民之间，隔着一片苍翠的原野，如果学者穿越这片原野，他就会成为一位圣贤。"就是从这个起点出发，袁隆平日后终于成了一位"圣贤"。

在田头与农民在一起，他可以听到许许多多关于雪峰山的传说。生长在这里的山民可以一口气讲出许许多多的故事，每个故事都是关于生命的传说。例如，一个湘西汉子为了给乡亲们除害，变作一只苍鹰；一位少女为了恋人，化作了雪峰山的美女峰；普度众生的山神，撒下一把珍珠，变成了肥沃的稻田……

他发现，山里人总是把自己的期盼化作故事，化作美丽的传说。这一个又一个美丽的故事，构成了山民们对生命、对自然、对未来赞美的诗篇。

20世纪50年代，那是苏联生物学家米丘林、李森科学说在中国盛行的年代。袁隆平作为遗传学教师带领学生们按照他们的学说进行试验。他们先是选择红薯进行"无性杂交"。把月光花嫁接在红薯上，以期得到一个"无性杂种"，就是要它上面结子儿，可以进行种子繁殖，以节省大量种薯；地下结红薯，可提高单位面积产量。

当他们把月光花嫁接到红薯苗上以后，嫁接苗很快成活了，发芽了。但要使其结子儿，必须进行短日照处理。当年安江农校试验条件非常差，没有遮光设备，袁隆平就将自己的床单和被单统统拿出来，用墨汁涂黑，充当遮光屏障。

由于袁隆平的精心培植，月光花与红薯的嫁接果然长势良好。地下长出了红薯王，最大的一蔸重达13.5公斤，地上也结了种子。为此，黔阳地委在安江农校袁隆平的试验田里召开了现场会，这使得安江农校的师生深受鼓舞。

这期间，袁隆平在米丘林、李森科关于"无性杂交"理论的指导下，带领学生们进行了多种作物的"无性杂交"试验，培育出了一批又一批农作物新品种。诸如把西瓜嫁接在南瓜上，长出了西瓜不像西瓜、南瓜不像南瓜的一种新瓜；把西红柿嫁接在马铃薯上，地上结出了西红柿，地下长出了马铃薯……

在"大跃进"的声浪中，袁隆平的试验成果备受赞扬。在全国跃进成果展览会上，有袁隆平科研成果的展台。记者蜂拥而至，全国多家报刊上出现了袁隆平的名字。

1958年，袁隆平怀着满心期待，将嫁接培育的那些特殊种子适时播种。可是，长出来的作物却令他非常失望：月光花与红薯嫁接结出的种子播种后，长出来的依然是月光花，地下再也不见红薯的踪影。其他那些奇花异果也毫无二致。于是，袁隆平对自己搞的"无性杂交"研究开始动摇了，对于李森科遗传学说中的观点也产生了怀疑。他发现，从遗传学的角度考察，他所进行的"无性杂交"试验，其变异性状不能遗传给后代，自己进行这样的试验，始终跳不出嫁接培养和环境影响的小圈子。他开始默默地问自己：进行这样的"无性杂交"试验，前途在哪里？

袁隆平敢于挑战权威，敢于挑战传统观念。在他看来，科学是老老实实的学问，是就是是，非就是非，来不得半点儿马虎和虚假。既然从事多年的"无性杂交"试验已经失败，他只好毅然抛弃它，大胆地去探索新的路子。

奥地利遗传学家孟德尔提出了遗传单位"因子"的新概念，阐明了关于生物遗传的基本规律，即分离定律和自由组合定律，并且提出了一整套科学的杂交研究方法，把遗传学研究从单纯的观察推进到定量的计算分析，为近代遗传学奠定了基础。

美国遗传学家摩尔根在孟德尔定律的基础上，发展了孟德尔的遗传学理论，创立了遗传的染色体和基因学说，从而获得了1933年度的诺贝尔生理学或医学奖。摩尔根的染色体和基因学说，被誉为20世纪遗传学的重大发展。

然而，当历史推进到20世纪50年代，孟德尔、摩尔根的遗传学说却被苏联和我国的某些学术权威视为异端邪说，被扣上"资产阶级反动生物学理论"等帽子，受到了批判。他们把孟德尔、摩尔根的学说斥为"反动的、唯心的"学说，某些人企图以这种非常手段巩固米丘林、李森科绝对权威的地位。

这期间，袁隆平反复学习了毛主席的《实践论》和《矛盾论》。他对毛主席关于"人的正确思想只能是来源于社会实践"的思想坚信不疑。他对几年来他根据李森科学说在科学实验中进行"无性杂交"所产生的"无性杂种"不能遗传等现实问题，开始从理论和实践上深入研究。他既研究米丘林、李森科，又研究孟德尔和摩尔根，同时研究达尔文、魏斯曼，结合实践，进行比较和分析，用实践去检验，决心闯出一条属于自己的路。

袁隆平非常崇拜希腊的大哲学家苏格拉底。苏格拉底总是引导人们认识自我，追求智慧的生活，学会用自己的头脑思维，学会怀疑权威乃至教义。

共和国大科学家故事丛书

同时，他也想到，我们中华民族是一个创新的民族，也是一个保守的民族。这种保守来自对大自然的依赖，来自传统观念的束缚。崇拜传统观念，依赖自然，便是这种保守思想的体现。然而，当年的青年知识分子袁隆平由于既肯于学习科学理论知识，又重视科学实践，所以他总能够及时摆脱保守思想的束缚，总能够闯出一条属于自己的路。

1960年初春的一天，袁隆平伫立在沅水洲头的一个橘园里，只见那橘树枝头开满了密密麻麻的小白花，一嘟噜，一串串。可一位果农手里却拿着一把剪刀，将许多小花连着枝条都剪掉了。他不解地问那果农：

"老伯，你为什么把那么多的橘花都剪掉啊？多可惜呀！"

"花长得太密了，难结果啊！"

老果农的话，使袁隆平深受启发，他想道：橘树的花太密了难结果，而人生的目标太多了，同样难以实现啊！他进而想到，自己已是而立之年了，该选准自己的拼搏目标和科研课题了，再也不能东一榔头西一棒槌了。

在他看来，粮食作物是陆地上生态系统的主体，是人类赖以生存的基础；而水稻则是人类主要的粮食作物。在这个地球上，玉米种植面积第一，水稻种植面积第二。可以这样说，在日常生活中，人和稻米是须臾不可分的。从某种意义上说，稻米养育了人类。

就是从这一年的春季开始，袁隆平选择了水稻纯系选育和人工杂交试验作为自己的科研课题。试验场地就设在学校分配给他的半亩自留地上。

从此，袁隆平踏上了一条崎岖的探索之路。

# 12

## 一株鹤立鸡群的水稻

　　水稻是自花传粉作物，杂交有没有优势？如果有，这种优势能否为人类所利用？袁隆平一直思考着这些问题。

　　1926年，美国人詹斯首先揭示了水稻的杂种优势现象。此后，詹斯的理论虽然被美国遗传学家辛诺特和邓恩否认了，但依然引起了各国科学家的广泛关注。20世纪30年代至50年代，印度人克丹姆，马来西亚人布朗，巴基斯坦人阿乃姆，日本人冈田正宽、奈良芳次郎等都先后开展过杂交水稻的研究。尽管上述学者的研究均未能取得成功，但是勤于学习又精通英文的袁隆平，还是受到了他们的启发，决心继续杂交水稻的科学研究，以便通过杂种优势来提高单位面积产量。

　　1960年春天，袁隆平在他那半亩试验田里，把稻种播下去，几天以后秧苗出水了，绿莹莹，嫩生生，伸展着一只只嫩绿的小手，可爱极了。他看着它们一天天长大，而后一个个为它们安家，目睹着它们拔节、分蘖、抽穗，由嫩绿而变为深绿……

他认真地观察着每一株水稻的成长。有一次他的眼前突然一亮——他发现了一株鹤立鸡群的水稻。俏丽而挺拔的株型，手掌般的稻穗，那样生动、那样鲜活地呈现在他的眼前，就像是一位巍然挺立的俊美少年！他意识到这是一株非同寻常的水稻！他发现了它，如同发现了一座金矿，真是快活极了！正是这个偶然的发现影响了他的一生。

他将这株鹤立鸡群的水稻结出的170粒稻种精心收集起来，次年播种在瓦罐的培养土里，栽插在窗前的试验田里。他看着它们一天一天地生长，如同注视着共患难的手足兄弟，感到了一种心灵相通的愉悦。

然而，结果却令他大失所望。那株原本优势很明显的种苗，其后代的性状竟然发生了逆转，居然没有一株赶上它的前代。秧苗长势七长八短，抽穗后穗短粒小。袁隆平凝视着变异的稻株，突然眼睛一亮：那鹤立鸡群的稻株，很可能是一株天然杂交稻的杂种第一代！

"啊，那正是一株天然杂交稻啊！"

这一判断在他脑海中确定下来以后，他便开始对那些变异的植株进行仔细地调查：高的、短的、早熟的、晚熟的……一株一株地记载，反复地统计、运算，最后证明这"杂种第一代"完全符合孟德尔学说的分离规律。

在苦苦思索之中，他想到第一年选育的那株"鹤立鸡群"的天然杂交稻并非纯种，所以，第二年出现了分离。倘若按那株杂交稻的产量来推算，那么，亩产可以达到600公斤，这便是水稻杂交的优势。

想到这里，他眼睛又是一亮：啊，水稻杂交原本有优势！

水稻杂交有优势，这是袁隆平从实践中得出的一个突破性的结论，是具有划时代意义的结论！

就是这一株偶尔被发现的天然杂交稻，带给袁隆平灵感，带给他机遇，他的成功之路将从这里开始。

由此，袁隆平萌发了利用这种杂交优势提高水稻产量的设想。

然而，袁隆平的设想与传统的经典遗传学观点相悖。美国著名的遗传学家辛诺特和邓恩合写的《细胞遗传学》一书，明确地指出了水稻杂交无优势。美国哈佛大学的教科书《遗传学原理》中明确写道："稻麦等自花传粉作物自交不退化，杂交无优势。"所以，当袁隆平提出杂交水稻的研究课题时，遭到某些权威学者的反对乃至嘲笑。

"没有错误的实践，只有错误的理论。"袁隆平根据自己在实践中观察到的状况，反复思考着。他尊重权威，但不迷信权威。对于"自花传粉作物杂交无优势"的观点，他大胆质疑，勇敢挑战，毅然坚持将"水稻杂交优势利用"作为自己的科研目标。

就是从这株鹤立鸡群的天然杂交稻开始，袁隆平提出了一个重大的科研命题：要在实践中学会利用水稻的雄性不育系，学会利用水稻的杂交优势。

不久，袁隆平设计的一整套培育人工杂交稻的方案诞生了。他准备先培育不育系、保持系和恢复系，然后通过"三系"配套进行循环杂交，完成不育系繁殖，进行杂交制种并用于大田生产。

从此，"杂交水稻"这个概念伴随了袁隆平的一生，成为他毕生不懈追求的事业。

# 13
## 挑战饥饿

    这一天，袁隆平怀着沉重的心情走在那条蜿蜒的小路上。冬天凛冽的寒风扑面而来。举目望去，山川一片暮色，他不由得忆起了"山寒水瘦"的诗句。他远远望去，但见城边的沅水桥头挤满了人。他不由得快步走近人群，只见桥上横卧着两具枯瘦如柴的饿殍，围观的群众人人脸上堆满了忧伤。

    这惨痛的一幕，震撼了袁隆平的心，引发了这位农业科学家的责任感。

    这惨痛的一幕，成为袁隆平前进道路上的动力，未来的"杂交水稻之父"就这样向威胁人类的"饥饿恶魔"发起了挑战！

    1962年的初春季节，袁隆平带领四十多名学生，到黔阳县（今洪江市）硖州公社秀建大队参加劳动锻炼。他住在生产队队长老向家里。这位生产队队长精明、能干，责任心强。那时，中国农村还是以生产队为基本核算单位。作为生产队队长，老向正在为摆脱饥饿、提高粮食产量而发愁。

当代神农　袁隆平　　59

一天，老向冒雨从八门队换稻种回来，他抓了把稻种来找袁隆平："袁老师，这是刚从八门换回来的种子。听说使用这种子好，能增产。"接着，老向又用低沉的声音说："要多打粮食度过灾荒，除了靠年成，还要靠种子好啊！去年八门使用这号种子，今年没有吃国家的返销粮。"

袁隆平接过稻种，边看边问："你们为什么要到八门换种？"

老向回答说："咱队已连续两年粮食减产，靠国家拨来的返销粮度荒，心里很难受！今年，咱队打算大干一场，要争取好收成，就全靠换来的这些好种子了。"

老向在饥荒面前，没有悲观叹息，而是积极想办法，带领群众克服困难。袁隆平深受感动，满怀敬意，边思索，边频频点头。

这时，老向突然说道："袁老师，听说你正在搞科学实验，你一定会为我们培育出新的稻种吧！如果研究出能增产的稻种，亩产400公斤、500公斤、1000公斤，那该多好啊！我们就可以战胜饥荒，苦日子就可以结束了。"

老向的话语意味深长，代表了亿万人民的心声和愿望。"改良品种，战胜饥饿"，有着多么重要的意义啊！

袁隆平以一个农业科学家的良知，深深地思索着自己的历史使命，思索着自己怎样做才无愧于祖国、无愧于人民……

他想到伟大的祖国在人类历史上，有过秦汉、盛唐的辉煌，有过宋代的绮丽，有过元明的强盛。可是，自晚清以来，中华民族却惨遭列强的蹂躏，受尽了屈辱。

然而，中华民族是一个勇敢的民族，昔日的玄奘，历经重重磨难到天竺取经。今天，我们为什么不能卧薪尝胆，使自己无愧于历史呢？

返回学校以后，袁隆平从《参考消息》上看到一条新闻：英、美遗传学家克里克和沃森根据孟德尔和摩尔根的学说，已经研制出了遗传学分子结构模型，使遗传学研究进入了分子水平，从而获得了诺贝尔奖。

不久，他又从一家学报上获悉：遗传学不仅在理论上获得了重大突破，而且在生产实践中也取得了明显效果，例如杂交高粱、杂交玉米、无籽西瓜等，已经广泛应用于国内外生产。根据孟德尔、摩尔根遗传学说所取得的成果是显而易见的。

被孟德尔、摩尔根遗传理论吸引的袁隆平，决心按照他们的理论，在科学实验中进行新的探索。

他的做法是：特殊培植一些表现优异的植株，待秋季将优良种子筛选出来，第二年播种后，观察其表现，并依次找出具有遗传优异性状的植株，经过人工去雄，再进行杂交。或者将混生在稻海里的雄性不育系的材料选择出来，备来年做试验。

夏季是水稻扬花的季节，袁隆平依然劳作在似火的骄阳下。他整天哈着腰，将混生在稻田里的雄性不育系一株株、一穗穗地辨认出来，其艰辛可想而知。

我国农民最朴素的品质就是忘我劳动，在劳动中，他们几乎忘却了自己。袁隆平似乎已经被磨炼成了这样一个忘却自己的淳朴农民。"烈日炎炎似火烧"，他每天汗霜满衣，皮肤变得黝黑，连常年扎在水田里不怕吃苦的农民都交口称赞袁老师"干活太实在"。

"袁老师，你跟我们吃这份苦，到底为什么？"

他到底为什么？

他为了探究水稻生存的秘密，为了使我国农民摆脱贫困，为了向饥饿挑战。

简单、大度、乐观、奉献的生活，是一种智慧的生活。这种智慧的生活，会培养出气度恢宏、性格坚强的人。不需要校方规定什么，袁隆平自觉地专注于自己的事业。他安贫乐道，不惧困苦，不怕失落，会从杂交水稻事业的每一个微小的进展中得到鼓励，得到灵感，而从不计较个人得失。

水稻不会说话，或者说人们听不懂水稻的语言，但是，水稻与袁隆平却可以无声地交流。每当微风拂过，所有的水稻便相应相和，翩翩起舞，在田间沙沙作响，他觉得那正是世界上最和谐的交响乐。

他那记录杂交水稻的图纸上，各种标记，各种颜色，各种符号，在他看来，都是世界上最美丽的图画。

秋收季节，他抚摩着那一粒粒饱满的种子，感悟到了一个个滋润而饱满的生命。他似乎更喜欢用心灵与那一粒粒可爱的种子对话，这似乎充溢着神秘的味道。

那时，米丘林、李森科的学说在我国遗传学理论中还占据着统治地位，某些学者嘲笑袁隆平进行杂交水稻的研究是搞"伪科学"。为此，袁隆平怀着强烈的探索知识、探索真理的愿望，赶赴北京，向北京农业大学的著名教授、著名遗传学家鲍文奎求教。他走进鲍文奎教授的宅舍，顾不得寒暄，便开门见山地阐述了自己的观点：

"我认为李森科关于遗传学的著作中，空洞的哲学概念太多，用理性代替实践，他机械地把辩证法搬到生物学上来，是不是有点机械唯物论？"

鲍文奎教授很赞赏袁隆平敢于挑战权威的勇气，并且肯定了这位年轻人的独特见解。这位对孟德尔、摩尔根遗传学早有深入研究的遗传学家，在这位诚实的年轻人面前，也表现出了惊人的坦率。他说："李森科在某些方面不仅表现了机械唯物论，有些东西还表现了他的主观唯心论。对于任何学说都需要研究，有比较才有鉴别，高山不弃寸土，大海不厌细流，实事求是才是做学问的态度。"

袁隆平聆听着鲍教授的教诲，连连点头称是。鲍教授问他："看来你对遗传学的研究很深入，你为什么要这样深入地研究遗传学呢？"

"我正在进行杂交水稻的研究，我想利用杂交优势使水稻种植达到高产。"

鲍教授点点头，而后又意味深长地告诫年轻人："俗话说：'江山易改，本性难移。'当然，这是指人性而言。可是，对于自花传粉的水稻来说，何尝不是如此？搞杂交水稻，要改变水稻固有的本性，其困难可想而知。所以，年轻人，你要有思想准备啊！"

袁隆平依旧虔诚地点点头。

接着，老教授转变话题，说："从事杂交水稻的研究，是洞悉生命的本质、推动生命进程的事业，也是培植人类文明的事业。从事这样的事业，是生命的价值所在，年轻人，我好羡慕你啊！"

听了鲍文奎教授的一番教诲，袁隆平深受感动。"学，然后知不足。"他带着"朝闻道，夕死可矣"的感慨，告别了老教授，匆忙赶回安江农校，更加坚定、更加专心致志地继续从事他所钟爱的杂交水稻事业。

# 14
## 禾下乘凉的梦想

袁隆平从北京请教鲍教授后,返回安江农校。一天黄昏,袁隆平在幽幽浮动的梦境里,看到从白雾蒙蒙、水天相连的地方,飞来一只洁白的鸟儿,鸟儿飞经的天空中,飘落下来一粒粒稻谷,那一粒粒圆润润的稻种,播入了灌满春水的稻田里。不久,秧苗露出水面,长高了,拔节、抽穗了……那一株株雄性不育系的株苗呈现在眼前了……

渐渐地,那水稻长得像高粱那么高,穗子像扫把那么长,籽粒像花生米那么大。几个朋友坐在稻穗下乘凉,是那么惬意,那么惊喜!

他醒了。原来这是一个梦,一个非常非常美的梦!

在饱经磨难的年代,袁隆平忆起了饱经磨难的著名画家凡·高说过的一段话:"我庆幸我有藏身的地方,我藏身的地方在美术的齿轮中,好像麦子在磨石下一样……"

同样,袁隆平也庆幸自己找到了藏身的地方,他藏身的地

方便是他的杂交水稻事业。在杂交水稻试验的齿轮中，他如同一粒杂交稻种，在风雨中成长，在烈日下成熟，他心甘情愿地来到磨石下面，为他所敬爱的父老乡亲献出洁白的稻米……

一位哲人说过这样一段话：上帝给了他智慧的同时，也给了他磨难；而只有穿行在磨难中，他的智慧最终才会焕发出璀璨夺目的光彩。

经过重重磨难，1967年初，湖南省科委将"水稻雄性不育"课题正式列入省级科研项目，他们还时常派人来帮助袁隆平解决一些实际困难。

第一年帮他解决了600元的科研经费，后来逐年增加。袁隆平利用这有限的经费，从一个瓦窑买了百十个烧废了的瓦盆，作为培育水稻雄性不育系的试验设备。

经湖南省有关部门批准，学校决定给袁隆平配备两名助手，袁隆平点名选拔学业成绩优异的应届毕业生李必湖和尹华奇留校，作为自己的助手。

不久，由袁隆平、李必湖、尹华奇师生三人组成的"水稻雄性不育科研小组"正式成立。学校在中古盘7号田拨出半亩的上等好地作为他们的试验田。

1968年初春，袁隆平带着他的两个弟子，将珍贵的雄性不育秧苗插在中古盘7号田里。

他忆起了北京农业大学著名遗传学家鲍教授讲过的一段话，他将这段意味深长的话讲给他的助手们听，他说：

"几年以前，我曾访问了鲍文奎教授，鲍教授对我说：'从事杂交水稻的研究，是洞悉生命的本质，推动生命的进程的事业，也是培植人类文明的事业。从事这样的事业，是生命的价值所在。'"

两位弟子听了袁隆平的话，连连点头。袁隆平喜欢年轻人，认为年轻人之可爱在于其勃勃生机，每当看到他们，他便对事业充满了希望。

一场春雨过后，湘楚大地阳光普照，那嫩嫩的秧苗，一天天长大，分蘖、拔节、抽穗，每株秧苗都分出了三五个蘖，试验材料越来越丰富了，形势非常喜人。这期间，尹华奇带了无花粉型不育材料去广东繁育，退花型和败育型不育材料生长在中古盘7号田。

袁隆平每次走进中古盘7号田，总是贪婪地呼吸着那杂交水稻所发出的气息，试图用这清新的气息冲洗那被嘈杂的声浪和浊气塞满的胸膛，试图聆听那秧苗的低语，聆听那强壮的雌花发出的求助。

他看着那栩栩欲飞的雌花，突然感悟到了一种美好和安宁。然而，这种安宁是多么短暂啊！

他固执地认为，那雌花不仅有生命，而且有思想。它们用枝叶呐喊，用果实说话，用它们的生命繁殖后代。

5月18日的这一天，正是星期六，袁隆平为那些雄性不育材料做了70多块带有不同标记的小木标。那并排而立的小木标，俨然一个个小卫士挺立在秧苗身边。然后，袁隆平恋恋不舍地离开了中古盘7号田。

人心难测，人心也易测。在好人的胸怀里，有的是淳朴和善良；可是，在某些人的胸怀里，有的却是狭隘与妒忌。有时袁隆平把自己比作一只野兔，许多"猎狗"都在盯着他，使他无处藏身。在那个年代，不干事的日子倒好过些，要想干成一件事真是难啊！

安江农校虽然不大，但麻雀虽小，五脏俱全。生活在安江农校，读书教学生，是一种享受；若是搞一些科研课题，则感到一种超然的乐趣。但是，在这里袁隆平有时却感到很累。在这种环境中，有些人热衷于制造或传播流言，其传播速度快得惊人，稍不小心，便会落在这些人设置的陷阱里。

惨不忍睹的一幕再次发生了，昨晚还是好端端的试验田，一夜之间，变得一片狼藉，秧苗被一扫而光，不知去向，留在试验田里的是七扭八歪的脚印。

那一棵棵浸润着他的汗水、浸透着他的心血的秧苗，一夜之间踪影全无。眼看培育不育系的计划不知又要推迟多少年。

这个刚强的汉子眸子里淌着泪水，久久地沉默着。他无力张口，只有缄默。在那黑云翻卷的日子里，他只有挺直脊梁，对抗风霜雨雪的侵袭。

他强忍住悲痛，四处去寻找那劫后余生的秧苗。他跌跌撞撞地走了一丘又一丘，终于在一潭污泥里，发现了五株半埋着的试验秧苗。他如获至宝，小心翼翼地将它们拾起来，像捧珠宝那样，将这五株残苗捧回了家。他喃喃自语：感谢上帝留给了我这份厚礼，雄性不育材料终于没有绝种！

从烂泥潭中拾回了五株秧苗，袁隆平似乎又找到了希望。一连数日，他围着安江农校转来转去，寻寻觅觅。5月21日这一天，他在学校西侧的一口水井里，发现水面上浮着几根秧苗，捞起来一看，又是五株，而且正是他亲手培植的秧苗！他顾不得水温低，顾不得井水深，想尽办法，奋不顾身地在水下寻找，但仍然无法打捞沉在水底的秧苗，他只好请求校领导帮助打捞。学校领导对这件事也很重视，请人用抽水机把井水抽干，将沉在井底的秧苗全部打捞了上来，可是，它们已经全部沤烂了。这就是震惊黔阳的"五一八毁禾案"。

面对那些被沤烂的秧苗，他仰天长叹：人啊，为什么这样狠毒！苍天啊，为什么这样绝情！

在那个特殊的动乱年代，想干成一件正事真是难上加难！也曾有人劝他放弃；当然，放弃比坚持容易得多。可是，当他忆起那两具饿殍，当他想到粮食短缺的祖国，想到大有希望的杂交水稻事业，他的腰板又挺直了。他的眼前便又出现了一片生机勃勃的绿茸茸的雄性不育秧苗。

在袁隆平的身体里，可能天生就有一种抗挫的遗传基因。他周身密集的伤口证明了他的勇敢。

他看着那十棵残缺不全的秧苗，忆起了母亲的教诲："上帝给你的不会太多。"这使他感悟到，人生总是不完美的。这话语虽含有某些无奈，但却是必须正视的现实。正因为此，当遇到挫折时，他从不怨天尤人，而是用理智与挫折、苦难进行周旋。

究竟是谁制造了"五一八毁禾案"？给袁隆平带来如此打击的小人是谁？这个疑案很快又被一些小人"破解"。他们传出风声，说袁隆平是"科技骗子"，"五一八毁禾案"是袁隆平自己所为。说他以科研为名，骗取名利，连续几年不出成果，骑虎难下，无法向上面交代，便以自毁秧苗嫁祸于人，为的是给自己找台阶下。

袁隆平从他的两位弟子那里得到了真诚的情谊。他与他的弟子之间的情谊，无论在多么恶劣的环境下，都能保持最佳状态。这种情谊，使他们能共同穿越苦难，走向成功的顶峰。

# 15

## 他的松鼠朋友

又是八月稻谷黄，又是九月秋风凉。又到了袁隆平打起背包去南繁的时候了。

自1968年开始，袁隆平带着他的两个弟子李必湖和尹华奇，像候鸟一样，寒来暑往。他们身上驮载着稻种，驮载着风险，驮载着企盼，驮载着摆脱干扰与险境的自由与潇洒，也驮载着自豪与骄傲。

袁隆平师生三人，像当年唐僧带着他的徒弟西天取经那样，"你挑着担，我牵着马"，先是步行，而后是乘汽车，倒火车，转水路，一路颠簸。虽然没遇上九九八十一道劫难，却是一路血汗，一路饥渴。

"三十功名尘与土，八千里路云和月。"

这是抗金英雄岳飞以满腔热血为墨，以万里河山为纸，以金戈铁马为笔，用生命写下的壮丽诗句。如今，袁隆平沿着英雄的足迹，在那苦难的岁月里，南征北战，书写着"挑战饥饿"

的悲壮诗篇。

海南岛，地处北纬20度以南，属海洋性亚热带气候，年平均气温23.9℃，最南端高于25℃，是我国的"天然大温室"。

在冬季，海南岛光照充足，每月日照100小时以上，最南端可达180小时，常夏无冬，人称"育种者的天堂"。

海南岛的最南端约有20万亩耕地供来自全国各地的育种者使用。袁隆平与他的助手们从1968年开始，利用海南岛冬春季节有利的气候条件，每年到南红农场进行杂交稻的育种和制种，以加快世代繁殖效应。

当年海南岛还是一个落后的地方。多数房屋是茅屋草舍，窗户很小，屋里光线很暗，夜晚没有电灯。他们所落脚的南红农场，茅屋草舍里极少有床，多数人住的是用竹竿、秋秸搭的地铺，吃苦在前的袁隆平自然住的是这样的地铺。尹华奇和李必湖不忍心他们的老师住茅草房、睡地铺，便想方设法给他搞到一张床。袁隆平微笑着说：

"睡啥床都没关系。睡着之后，也无所谓标准客房和茅草屋了，就是总统套间还不是一码子事？"

他们的住所没有电灯，夜晚要读书攻关，怎么办？于是，蜡烛、煤油灯、菜油灯等照明用品就是必备的，盏盏油灯闪闪烁烁，照耀着袁隆平那又黑又瘦又多皱的脸庞。从那个年代走

共和国大科学家故事丛书

过来的袁隆平，前进道路上还有什么困难不能克服呢？

袁隆平尊崇达摩面壁的真功夫。达摩面壁十年，终于将身影印在石壁上，那该是怎样的功夫！在袁隆平看来，与达摩相比，自己吃这点苦又算得了什么！

海南荒野天气炎热，夜晚成群结队的蚊虫咬得他浑身青肿。为了防止蚊虫叮咬，他有时竟用盖稻秧的薄膜把全身裹严。可是薄膜不透气，闷如蒸笼，一夜之间就会捂出一身热疮……

在海南岛，人们形容蚊子之大、老鼠之粗壮，有一句顺口溜："三个蚊子一盘菜，三个老鼠一麻袋。"

一夜之间，一袋大米变成了半袋，粮袋下面开了一个洞，屋里满地都是零零星星的大米粒。毫无疑问，是老鼠把他们的口粮偷走了。那可是个粮食定量供应的年代啊！

人们都说在海南生活很苦很苦，袁隆平却被海南荒野那种莽原苍凉的气氛所吸引。在他看来这美丽的绿色王国，林木葱茏，水草丰茂，绿波荡漾，百鸟啁啾，真正是一片培育良种的乐土。

在海南岛南繁的岁月，是袁隆平最为自由自在的岁月。海南有密林，有蒿草，有碧水，有长长的海岸。走进密林，松鼠不时地蹿出来，这些小精灵，吱吱地叫着，独来独往，像是一个个不合群的淘气孩子，在树枝间攀缘、跳跃。有一次，有一只棕色大松鼠，眨着黑眼睛，抖动着大尾巴，从树干上跳下来，走近袁隆平。袁隆平将早已准备好的自己舍不得吃的甜饼干，放进手掌里，任凭小松鼠把小嘴伸进他的掌心里，摇着尾巴，吱吱地啃噬着。此时的袁隆平像是一个贪玩的孩子，与淘气的松鼠嬉戏着，好不快乐。

在海南南红农场，与袁隆平时常相伴的有一只小松鼠。每天早晨，那只松鼠站在小溪边，在晨光下，伸出前爪来洗脸，梳理皮毛。两颗黑豆粒般的眼珠，向着袁隆平一转一转的，有时冲他尖叫一声，有时还把那条又长又粗的尾巴翘起来，竖得很高。几乎每天早晨，这只松鼠都与他有一次这样美好的约会。他与这只松鼠朋友友好相处，心情极好。他想，他与他的松鼠朋友原本都是大自然的宠儿。

袁隆平热爱生活，热爱大自然，热爱山川河流。他爱大海，他爱阳光下大海的灼热与朦胧。他觉得，大海如同魔幻大师，在不经意中，变幻莫测。站立在海岸上，看蓝天、白云、阳光和碧海遥相辉映，天遥遥，海遥遥，心也遥遥。于是，他心中升腾着一种莫名的冲动。

袁隆平每年在海南生活四个月，又都在冬季，因此，有很多个除夕之夜，他都是在海南岛上度过的。

除夕之夜，他们相聚在茅草屋里，守着一个小茶炉，每人冲一杯清茶，天南地北地神侃。除夕之夜的油灯格外明亮，棉

花做的灯芯上顶着一朵灯花，悠悠地跳动着，闪烁着，与小茶炉一道映红了他们的脸颊。大碗茶、炒花生、葵花子，大家各取所需，神侃到深夜……

每当思念远方的亲人时，他便走向海滩，去寻觅他的松鼠朋友。

海天深邃湛蓝，云霞纤尘不染，阳光明媚灿烂。海岸上停泊着数不清的渔船，晴空下满目的温暖，全然不见隆冬季节萧索的景象。

袁隆平静静地伫立于湿润润的海岸上，脚下没有衰草枯苇，没有残花败絮，只有日复一日的潮涨潮落、层层淤积的泥沙和贝壳。面对这片辽阔的海天，他感到自己对这里有太多的祈求和依托。精诚所至，这辽阔的海天以她的博大和宽容接纳了他，并为他带来了一片片绿油油的雄性不育材料。

这一天，在海岸上，他的松鼠朋友没有如期与他约会，他失望地回转身来，漫步走向试验田。只见绿油油的秧苗，迎着海风翩翩起舞，迷人极了。仔细看去，忽然发现他的松鼠朋友正在他们的试验田里，冲他露出一张得意的笑脸。原来他的松鼠朋友还爱好打洞，它时而树栖，时而穴居。这一天，它把洞穴打进了他们的试验田里，把他们辛辛苦苦培育的雄性不育秧苗拖进洞中，变成了它的美味佳肴……

真是既可笑又可气的一幕啊！

# 16 灵感再闪现

1969年冬季，袁隆平与尹华奇、李必湖来到了云南省南部的元江县。

美丽的滇南四季如春。这里的树木常年都是绿的，在人们不知不觉中，新叶长出来了，老叶悄悄地离开了枝头。一种花开了，另一种花又谢了，一年四季常有鲜花开放。

滇南和海南岛都是我国育种家的天堂。

师生三人来到滇南以后，借住在元江县农技站的一间无人居住的平房里。他们租用农技站的水田，加代繁殖雄性不育系。

这时，袁隆平将他们加代繁育的雄性不育材料命名为C、D两个系统。无花粉型不育株命名为C系统，花粉败育和退化型不育株命名为D系统。无疑，它们都是劫后余生的"遗孤"的后代，因加代繁殖，如今它们已成长为一个大家族了。

师生三人来到元江以后，便夜以继日地浸种催芽。他们把浸过的种子，按不同的家族系统分别装进几个小布袋里悬挂起来，待其发芽。

一开始，师生三人在元江农技站的食堂就餐。因水土不服，加上这个食堂做的饭有些硬，菜也半生不熟的，袁隆平犯了肠炎，而且越来越重。继续吃农技站的大锅饭有困难，袁隆平便自己做饭炒菜。每顿饭他都少不了一小盘花生米，而且他总是边做饭边把一粒又一粒的花生米往嘴里送。他说，这样边吃边做两不误，很节省时间。

袁隆平的生存需要就这么简单。

当地的傣族同胞听说以后，给袁隆平送来一碗具有独特风味的过桥米线。袁隆平看着用稻米加工制成的热气腾腾的米线，心里感到无比温暖，他激动地捧过来，满心的感激，同时更加坚定了培育优良稻种、增加稻米产量的决心和信心。

过完元旦的一天晚上，忙碌了一天的师生三人吃过晚饭，难得放松一下。袁隆平与尹华奇端坐棋盘前，捉对厮杀。在"两军"对垒中，袁隆平最善于用"卒"，因为他总把自己比作一个小卒。小卒与车、马、炮不同，它步步为营，又步步艰险。在所有的棋子中，唯有小卒从不退却，在车、马、炮的围追堵截下，它总是冒着生命的危险，或横步，或直行，设法冲破重重包围和隐蔽的陷阱，在对手的虎视眈眈下，一往无前。

当时针指向午夜12点时，他们收拾好棋盘，各自脱下外衣，

回到那摇摇晃晃的竹床上安歇了。

滇南的夜晚原本是静悄悄的，在蒙蒙眬眬之中，只听轰隆一声巨响，接着，便是房倒屋塌的声响……四周一片惊叫，一片声嘶力竭的呼喊！

滇南大地震发生了！

袁隆平呼喊着两位弟子，一同冲出房间。

尹华奇冲出房间以后，惊呼："种子还在里面！"他转身就要向室内冲。

李必湖也惊叫着："我们赶快抢种子！"

袁隆平一个箭步冲向尹华奇，将他按倒在地，又挨近李必湖，吼叫一声："你们都给我站住，种子压不坏，保住性命要紧！"

袁隆平的话音刚落，又是一阵轰隆的巨响，他们居住的平房彻底坍塌了。

一栋又一栋房屋，接连着轰隆隆倒下。大地在颤抖，漫漫烟尘在升腾，遍地是碎石，遍地是瓦砾，遍地是废墟。一场突如其来的灾害降临了。

1970年1月5日的凌晨，距元江县150公里的峨山县，发生了里氏7.8级的强地震，受到波及的元江县，震级也在5.0级以上。

大地依旧在抖动，余震频繁发生。冬季里少见的狂风暴雨也不期而至，浇得师生三人个个像落汤鸡。他们只穿一条短裤，抱在一起，瑟瑟发抖，缩成一团。这时，远远瞧见一束手电筒的光，原来是农技站的党支部书记老周冒雨探望他们来了。老周见到他们，第一句话便说：

"我们这里是危险区，你们应该早些撤离！"

袁隆平摇摇头说："稻谷刚刚发芽，我们怎么能够撤离！"

天亮以后，老周派人从废墟里帮他们扒出了衣服、被褥和正在催芽的浸种小布袋，并帮助他们在水泥球场上用塑料布搭起了一个避雨的窝棚。

震后，他们满可以打道回府，或转移育种基地，但袁隆平却带着他的弟子们住进了防震窝棚里，继续他们云南站的杂交稻加代繁育试验。

在防震棚里，他们临时筹备了必需的生活用品。筷子是用新鲜的竹子削成的，两口锅是现购置的，床是门板拼的，上面放着军用被褥。简陋、狭小的空间，被两个弟子收拾得干干净净，温暖舒适。

滇南的春天来得很早。立春过后，空气中有一种凉丝丝、湿润润的香甜和芬芳。小鸟叽叽地叫着，全然没有对大地震的恐惧，因为林子中有许多虫儿供它们享用。

山坡上绽开着大片大片的紫云英，庄稼地里黄色的油菜花也开了，紫色和黄色是滇南春天的大色块。三角形的防震棚如同淹没在花海中的风帆。尽管缺衣少食，但在袁隆平看来，只要能从事杂交水稻研究，再苦再累也算不了什么。用他的话来说就是："苦中自有乐嘛！"

大地震后的滇南，傣族、苗族、哈尼族，家家户户在政府的资助下"贺新房"。"贺新房"就是村民之间互相帮助盖新房。一个"贺"字，给震区增添了诸多喜庆色彩。人们抬着大梁和立柱，喊着劳动的号子，或是立柱，或是上梁。梁枕上贴着用大红纸写的"五谷丰登""六畜兴旺""招财进宝"一些吉祥字样。震后的滇南，人们都在忙着重建家园，到处是生气勃勃的景象。

在滇南大地，春日到来谁先知？是春江暖水里的鸭，还是呢喃的燕子？都不是。

是我们的农业科学家袁隆平。他打着赤脚，躬身在试验田里插秧。

在袁隆平的生命里，有育种的春天，有繁忙的夏天，有收获的秋天，但几乎没有冬天。因为自20世纪60年代末以来，袁隆平的冬天都是在滇南和海南度过的。他总是力求把春天延伸得再长一些，把冬天缩得再短一些。

# 17
## 在寻找"野败"的日子里……

尽管连续几年来,袁隆平所从事的杂交水稻研究进展缓慢,但是,他无怨无悔,不急不躁,心无旁骛地继续他的事业。

1970年夏季,袁隆平在与日本学者交流时,确立了"此路不通走他路"的理念,这更加坚定了他寻找野生稻的决心。他认为,雄性不育系的原始亲本是一株自然突变的雄性不育株,杂交高粱的研究便是从天然雄性不育株开始的,因此,水稻也可能存在天然雄性不育株。

就这样,袁隆平和他的助手们很快跳出了单一的用人工培植雄性不育系的圈子。他对他的助手们说:

"要积极进取,勇于突破,不能总是依靠自己的经验原地转圈圈。"

1970年仲秋季节,袁隆平带领他的助手李必湖、尹华奇来到海南岛崖县(今三亚市)南红农场,一边继续加代繁殖,选育C系统雄性不育材料,一边考察野生水稻资源。

为了寻找野生的雄性不育材料，他们常常十天半月穿越在茫茫荒野之中，往往是走到哪里就在哪里就餐，而且总是伴着潺潺的泉水或者是清凌凌的溪水而就餐。

大家用随身携带的大号缸子舀来清泉水，支在小溪边的鹅卵石上，点燃枯枝败叶，缸子里的水便咕嘟咕嘟地开了。这时，袁隆平与他的弟子们嚼着干馒头，喝着热乎乎的清泉水，感觉美滋滋的。他们一边野餐，一边谈笑，此时的袁隆平像年轻人一样活泼、调皮。每当与年轻人在一起时，他总是洋溢着青春气息。

在那段时间里，他们如同一支探险队，到处寻找雄性不育材料。他们徒步跋涉，在他们的背包里，没有旅行者所必备的那些生活必需品，而是装着一穗又一穗的稻谷。

大自然有着不可抗拒的诱惑力，往往最容易引发农业科学家的创新欲望。

勘探一天后，他们从荒原回到住所。袁隆平把衬衫的袖子挽起，露出他那古铜色的双臂。他没有系胸前的扣子，袒露着同样是古铜色的胸膛。弟子们戏称他们的老师为"刚果布"。只听"刚果布"口中哼着小夜曲，弯腰从水盆里掬起水来洗浴。水泼在身上，凉润润的，让人为之一振。

夜晚，他还要踏着月色，去他的杂交稻试验田。

共和国大科学家故事丛书

每当走进月光下的稻田,他就仿佛进入了一个绿色世界。此时此刻,什么荣誉地位,什么灯红酒绿,统统抛在了九霄云外。那悬挂中天的皓月,使得那一块又一块绿毯般的稻田披上了一层洁白的轻纱,亦虚亦幻,朦朦胧胧,平添了几分神韵。

他走在月光下的小路上,犹如置身于琼楼玉宇之中,有一种飘然欲仙的感觉。袅袅清风,不时为他送来缕缕稻香。

这天夜间,他重温了他非常喜欢的辛弃疾的词《生查子·题京口郡治尘表亭》:

悠悠万世功,矻矻当年苦。
鱼自入深渊,人自居平土。
红日又西沉,白浪长东去。
不是望金山,我自思量禹。

这首词是辛弃疾担任镇江知府期间写下的,大意是:
大禹治水的功绩流传万古,当年他奔波劳碌多么辛苦!
他使得鱼儿乖乖地游进深渊,人们安安稳稳地定居在平土。
一轮红日又向西天沉沉下坠,江中的白浪却永远向东流去。
我并非眺望金山,而是在缅怀大禹。

辛弃疾在这首词中,满腔热情地颂扬了大禹治水的历史功

共和国大科学家故事丛书

绩，抒发了自己报效祖国的伟大抱负。

通过这首词，袁隆平深刻地体味到了当年辛弃疾强烈的爱国主义热忱。他对辛弃疾的这首词情有独钟。这首词也正是袁隆平爱国主义热忱的真实写照。

1970年11月中旬，袁隆平安排李必湖和尹华奇除经营他们的杂交稻试验田外，继续寻找野生稻。而他自己独自北上进京查阅资料，并向有关遗传学专家请教。

就在这期间，袁隆平从北京农业大学图书馆的一本外文杂志上，获悉一条令他震惊的消息——日本的大学教授新城长友用印度春籼品种钦苏拉包罗Ⅱ为母本，以中国台湾粳稻品种台中65为父本，进行杂交，育成了BT型台中65不育系，并将该杂交组合后代的部分可育株经自交稳定选出了BT型不育系的同质恢复系，实现了粳型杂交稻"三系"配套。但是，由于这种杂交组合的增产优势尚不明显，因而迟迟未能投入生产。

北京之行，使袁隆平感到了形势的严峻。他的紧迫感更加强烈，他决心要在杂交水稻领域中，抢占世界的制高点，抢在美国和日本的前面，为祖国争光！

李必湖和尹华奇在老师的安排下，也在分秒必争，寻找野生稻。

其实，海南岛一带，野生稻资源是非常丰富的，分布也很广。当地人称野生稻为假禾。

一天，南红农场技术员冯克珊来到他们的住地闲聊，李必湖与他聊起了野生稻，并谈到了袁隆平为他们描绘的野生稻形态及有关知识。冯克珊听了连连说：

"野生稻嘛，我们这里称之为假禾，有的，这里遍野都是。"

"那我们可以从野生稻丛中找到雄性不育材料吗？"

"试试看吧！"

1970年11月23日上午，冯克珊与李必湖一同来到一座铁路大桥旁的一块沼泽地，沼泽地中生长着成片的杂草。两只野兔卧在草丛中，若无其事地啃噬着鲜嫩嫩的绿草。当他们走过去时，那两只野兔一前一后地跑掉了。李必湖和冯克珊沿着野兔遁跑的方向看去，他们发现了一片野生稻。巧的是这片野生稻正值扬花抽穗的旺盛期，生殖性状很容易识别。李必湖跟随老师袁隆平辨别雄性不育株已有6年的历史了，他学着老师的样子，在野生稻群中一株一株地仔细观察，仔细辨别，一丝不苟地审视着这一株株花开正盛的野生稻。突然他眼睛一亮，他发现了一株长得很异常的野生稻。它分蘖成3个稻穗，只见这3个正在扬花的稻穗，花药细瘦，呈火箭形，色泽浅黄，不开裂散粉。李必湖断定这是一株野生的雄性不育株。他二人怀着欣喜的心情，小心翼翼地将这株比金子更珍贵的野生雄性不育稻株连根带泥挖出来，用衣服包住，带到试验田里，同广矮3784（我国通过人工杂交育成的高产稳产的早籼矮秆品种）栽植在一起。同时，李必湖给在北京的袁老师发去了一封报喜的电报。

袁隆平在北京得知找到野生雄性不育株的消息，欣喜异常。如同他劳作在夏日酷暑下的稻田里，正值灼热难耐之际，忽然迎面吹来一股清凉的风，拂拭着他的肌肤，熨帖着他的心灵。那种无比幸福的感觉，融进了他的血液，渗入了他的周身，这种幸福的感觉从此几乎追随了他的后半生。

袁隆平连夜乘火车赶赴天涯海角。

他来到南红农场时，恰好是次日清晨。他来不及休息，便与李必湖一起，踏着晶莹的露珠，穿过迷蒙的雾霭，走近那棵野生的雄性不育株。在蓝天碧水相接的地方，只见那棵野生的雄性不育株静静地伫立着，披着迷蒙的雾霭，款款地低下了头。那绿色的长发，在微风中轻柔地飘着，那浅浅的乳黄色的长蕊，嫣然而笑，似乎在欢迎远方来的"情人"。

袁隆平分别采集了三个稻穗上尚未开放的小花朵，置于100倍显微镜下观察，看到了大量不规则形状的典型败育花粉粒，经反复辨认后，他激动得大声叫好："妙，妙！这的确是一株天然的雄性败育野生稻！"他当即为这棵野生雄性不育株命名为"野败",其含义就是野生的雄性败育稻。

两年以来,袁隆平以寻觅野生雄性不育株为事业。为了它,他天南地北地长途跋涉;为了它,他朝朝暮暮,不眠不休。当见到这株"野败"以后,他如同一位痴情少男,与他心爱的少女进行了一次心灵的对话:

我朝思暮想的"野败",我终于找到你了!

这么多年了,你总是躲躲闪闪的,你让我盼得好苦啊!

我朝思暮想的"野败",我们终于相遇了。多么漫长的寻觅啊,你终于有了可喜可贺的归宿!

从那一刻开始,袁隆平日日夜夜守候在他心爱的"野败"身边。太阳、月亮和星星也轮流照看着他的"野败"。那"野败"如婴儿般无拘无束地舒展开双臂,生机勃勃地贴近身边成行的栽培稻。轻轻吹来的风,飘飘洒洒的细雨,从从容容的流水,使得它从浅浅的嫩绿变成浓浓的墨绿。袁隆平轻手轻脚地选择了精良的籼稻雄花为他的"野败"一次又一次地授粉。

"'野败'是怎样降临人间的呢?"人们曾经怀着好奇的心情询问袁隆平。

袁隆平稍加思索,回答说:"它是一粒野生的种子,不知哪一只候鸟将它吞进肚里,用它分泌的胃液将其雄性抹去了,而保留了它的雌性,并把它排出体外。命运使得这粒种子在这美丽的原野落地生根，是李必湖和冯克珊的伟大发现，赋予了它生命的崭新意义。"

是的，袁隆平的杂交水稻研究，将因它而辉煌。

"野败"的发现，为袁隆平的杂交水稻事业打开了突破口，使得袁隆平和他的助手们在杂交水稻的探索中出现了一个重要的转机。

自然与人原本是有诸多机缘的。黄河遇到了李白，才会有"黄河之水天上来，奔流到海不复回"的千古绝唱；长江遇到了苏轼，才会有"大江东去，浪淘尽，千古风流人物"的盖世辞章；那"野败"遇见了袁隆平，才会有无数亿公斤杂交水稻的收获。

袁隆平熟记母亲素日常说的一句话："上帝给我们的不会很多。"

的确，上帝给的并不多，上帝只给袁隆平三穗"野败"，然而，他抓住了，他成功了……

他像是到西天取经的唐僧，经过九九八十一道劫难，终于获得了成功！

# 18

## "21世纪谁来养活中国人？"

"21世纪谁来养活中国人？"这是美国经济学家布朗博士对中国的质疑。

袁隆平听说后，拍案而起，他理直气壮地回答美国人："高科技养活中国人！"

袁隆平的弟子罗孝和接着袁先生的话也对美国人做出了回答："我们中国人自己养活中国人！"

袁隆平深知杂交水稻科研事业是千百万乃至亿万人的事业，靠他自己搞不行，靠少数人搞也不行。所以，近年来他带领的这支杂交水稻科研队伍日渐壮大。许多人慕名而来，罗孝和便是其中的一个。

1971年3月，罗孝和正式成为袁隆平的助手，他是袁隆平的得力助手和名副其实的业务骨干。

在袁隆平的指导下，罗孝和博览遗传学书籍，人们称他为"书呆子"。他痴迷于杂交水稻科研事业，是一位在杂交水稻领域中走得很远的人。袁隆平说："呆有什么不好？古人说，人而不呆，不可以为友；人而不痴，不可以为友；人而呆痴，以其有深爱也；人而不呆不痴，则其无深爱也。情之最浓者，为痴。一片痴情，往往会创造出感天动地的光辉业绩。"

在袁隆平的心里，罗孝和的痴，正是他身上最可贵的地方。

果不出袁隆平所料，在他获得国家最高科学技术奖一年之后，罗孝和则获得国家科学技术进步奖一等奖。罗孝和在杂交水稻领域中同样获得了巨大成功。当然这是后话。

袁隆平在科学研究中，敢于挑战权威，显示出非凡的勇气和智慧。可是，他对同事、对弟子却非常随和，虚怀若谷。他重视人才，重视他的弟子们的每一项创新、每一项重大发现。

当他的得意门生李必湖发现"野败"以后，他们师生联手用正处于抽穗末期的籼稻品种广矮3784与"野败"杂交，连续4天，共杂交8个组合，为65朵雌花授粉。1971年1月，他采用共性繁殖分蘖的方法，把所得的46株"野败"栽种在试验田里。

南繁归来，他们把"野败"与广矮3784杂交的稻谷播进湘江河畔的红土地里，经过几天寂静的等待之后，那杂交的稻谷很快破土发芽。袁隆平说："红土地是最诚实的，你给她什么样的种子，她就给你什么样的回报。你拿出的种子不一样，那么，到头来你所得到的也不一样。所以，我们要尽快拿出最好的种子交给红土地。"

湘江河畔的红土地真的如袁隆平所说，是很诚实的。袁隆平依靠"野败"的种子，在这红土地上酝酿着"第二次绿色革命"。

那"混血"的"野败"很快就要扬花了，倘若遇上雨后初晴，一阵风吹来，那稻花的芳香真是诱人啊！

袁隆平在日记里这样写道：

我们的杂交稻田是红土地上最美丽的风景，
那稻花，是世界上最芳香的花朵。
……
想起来也真是奇妙，一粒小小的杂交稻的种子，和红土地结合在一起，有了阳光、水分、肥料、空气和杂交授粉，就会生产出高产量的杂交水稻，结出优质稻谷，供我们的同胞享用。
那该是多么惬意的事啊！

袁隆平很瘦。有人说，智者大多偏瘦。什么不育系、保持系、恢复系……这一连串的杂交水稻科研中的术语，几乎每时每刻都在耗费着他的心血；而"谁来养活中国人"一类的质疑，每时每刻都在刺痛着他的心。

人们说，在袁隆平那消瘦的身躯上，写着勤勉，写着尊严。

一个人活在这个世界上，通往尊严的道路是很多的，诸如出身、权力、资产、才华……然而，袁隆平的尊严是为强国富民、为回答布朗之流的质疑而从事的科研事业。

"野败"的发现，是我国杂交水稻科研事业的一个重要转折，但是，还必须经过艰苦攻关，对"野败"进行转育工作，才能把"野败"的不育基因转入栽培稻，进而培育出生产上所需要的雄性不育系。

野生的"母稻"，即雄性不育系，因为它的雄花失去作用，便不能自花传粉了，这就需要为那野生的"母稻"选育与其相交的"父稻"，即恢复系。

"母稻"与"父稻"相间种植，"母稻"接受"父稻"的花粉而结实，从而获得大量杂交一代种子，满足大田生产的需要。然而，要使"母稻"的雄性不育性能能够保持，即"母稻"自身能够"传宗接代"，还必须筛选出另一个父本水稻品种——雄性不育保持系，使它能够自交结实，即给不育系授粉后，能够保持其雄性不育性能。为此，袁隆平根据不育系、保持系、恢复系"三系"的配套关系，重新制定了一个分三步走的行动方案：

第一步，寻找自然突变的雄性不育株作为试验材料（这项工作业已完成）；

第二步，筛选培育雄性不育系及其保持系；

第三步，筛选雄性不育恢复系。

上述三条，曾经是袁隆平最初的理论设计，即"三系"配套。"三系"配套即将成为现实。

1971年初，国家科委和农业部决定组织全国性的协作攻关。袁隆平慷慨地把辛勤培育了近一年的"野败"材料——已表现出非常优越的雄性不育保持功能的杂交F1，分送给我国各有关单位，大家广泛协作，共同进行试验研究。

1971年的初春季节，当"野败"第二代——杂交F1在南红农场拔节抽穗的时候，先后由湖南、广东、广西、江西、湖北、福建、新疆等13个省（市、区）的18家单位50多位农业科技人员赶来海南，一道参加试验。闻讯赶来参观的，慕名前来拜师求教的，络绎不绝。

南国的初春季节，一片一片的杂交水稻正在疯狂地拔节、扬花。袁隆平感到自己的呼吸从未这样舒畅过。来海南的客人们一批接着一批，袁隆平比以往更为繁忙。

在这片土地上，袁隆平与客人们一样，逗留，离去，又回

来。如今他却长久地融入了这片土地。

就是在这片土地上，白天，袁隆平在试验田里手把手地给来自全国各地的科技工作者讲授水稻杂交的操作技术；晚上，袁隆平给大家讲授培育杂交水稻的理论课，把自己多年积累的知识毫无保留地传授给他的同行们。在一次讲课时，他说：

"诸位同行，诸位朋友，你们来得正是时候。倘若早来，你们很可能跟着我们多走不少弯路，多吃不少苦头。现在，咱们有了'野败'，就意味着我们成功地找到了它的保持系，离我们培育出新的不育系只有一步之遥。成功在即，大家要团结一致，继续努力！

"七年多的试验和研究，使我们搞清了水稻雄性不育的种类和许多基本原理。从实践中我们摸索到了杂交水稻试验中关于测交、回交的规律，以及人工制造保持系和恢复系的技术要领。在实践中，我们摸索到了利用野生稻资源实行远缘杂交，寻求突破'三系'的新思路。就是在这种新思路的指导下，我们发现了'野败'，科学地利用了'野败'，'野败'为我们开创了一条成功之路。于是，便有了我们今天的相聚。"

接着，袁隆平用哲人的眼光解释了生命的神秘性，他说：

"水稻和人一样，也是宇宙亿万年演化的产物。它的存在和我们人类的存在一样神圣，它和我们拥有一个共同的名字，叫作生命。水稻也和其他作物一样，看似简单，但它也是很神秘的。水稻根植于大地，沐浴着风雨雷电和日月星辰，将宇宙灵气和日月精华演化为一种物质。一滴水能映出太阳的光辉，同样，一株水稻也浓缩着宇宙与人类的无穷信息。几千年来，水稻固执地按自己的本来面目生长，它固执得几乎令人类羡慕；但我们利用雄性不育的杂交手段否定了它们的固执。想想看，那些常规稻几千年来一直墨守成规，永远不肯改变它那自花传粉的模式。然而，我们人类发展到今天，终于打破了它那固定不变的模式……"

袁隆平讲课思维敏捷，语言生动，且风趣幽默。来自全国各地的年轻人都喜欢听他讲课，也喜欢和他开玩笑。他永远保持一颗童心，性格非常随和，他走到哪里，哪里便有欢声笑语。但在科学实验中，他却是严肃认真，一丝不苟。有人说，袁隆平进行杂交水稻科学研究的过程，既是造福于民的过程，也是其人格日趋完善的过程，这话不无道理。

3月下旬，"野败"在天涯海角抽穗扬花了。袁隆平与李必湖、尹华奇、罗孝和等人一起，用广矮3784、京引66、米特374以及意大利B等20多个品种的雄花与"野败"的雌花杂交，获得了200多粒杂交第一代种子。袁隆平向来自全国各地的科技人员无偿地奉献出了这200多粒种子。

江西萍乡农业科学研究所的颜龙安、文友生等，在袁隆平的指导下，利用"野败"进行杂交，获得种子，并育出了"珍汕97"不育系和保持系。

来自福建的杨聚宝等利用袁隆平赠予他们的种子，育出了"威41"不育系和保持系。

湖南贺京山原种场的周坤炉与袁隆平合作育出了"29南1号""威20"不育系和保持系。

星星之火，形成了燎原之势。袁隆平无私献出的珍贵种子，成为全国农业科技人员共同攻关的可靠保障，从而大大加快了杂交水稻的研究进程。

经过一年多的协作攻关，到1972年我国选育出了一批不育系和保持系。但是，恢复系尚未育成。"三系"尚未配套，杂交稻尚未成功。

在没有找到"野败"以前，袁隆平和他的弟子们利用栽培稻进行杂交育种，培育出了恢复系，但找不到保持系；当找到"野败"材料以后，培育出了保持系，但找不到恢复系。这时，一些所谓的学术权威的冷水又泼来了，他们说："三系，三系，三代人也不成器！"有些人在权威面前开始动摇了。但袁隆平毕竟是袁隆平，在丰富的试验材料中，他已经发现了具有恢复系基因的苗头。所以，他满怀信心地告诉他的弟子们，恢复系必将被我们筛选出来。

袁隆平对杂交水稻的研究总是坚定不移,万难不屈,一往无前。

1972年9月,中国农业科学院在湖南长沙召开了全国杂交水稻科研协作会,以这次会议为契机,形成了一个全国范围的科技攻关协作网。许多农业科研机构以及大专院校的科技人员分担了杂交水稻的基础理论研究任务。他们同育种工作者紧密配合,对水稻"三系"配套和杂交组合进行细胞学、遗传学、生理生态学等方面的理论研究工作。基础理论研究紧密配合,协作攻关大大加快了我国杂交水稻"三系"配套的科研进程。

1973年,全国农业科学技术人员齐心协力,广泛选用我国长江流域、华南以及东南亚、非洲、美洲、欧洲等地的1000多个品种进行测交筛选,先后筛选出了100多个具有恢复能力的品种。

袁隆平和他的弟子们率先找到了一批优势很强的恢复系。至此,按照袁隆平起初对杂交水稻的理论设计——雄性不育系、保持系、恢复系"三系"配套宣告成功!

"三系"的配套成功,预示着我国率先利用水稻杂交优势的时刻即将到来。

袁隆平以他的智慧、勇敢、坚忍和自信开创了我国杂交水稻的高产之路，他用自己的成果回答了美国经济学家布朗的质疑：高科技养活中国人！

# 19

## 荣誉接踵而来

作为一位伟大的科学家，袁隆平理所当然地受到了人民的信任和尊重，所以，渐渐地，荣誉接踵而来——

1978年2月，袁隆平出席第五届全国人民代表大会；

1978年3月，袁隆平出席全国科学大会并获奖；

1978年6月，袁隆平被评为湖南省先进教育工作者，并出席湖南省教育工作先进代表大会；

1978年10月，袁隆平出席湖南省科学大会，并获湖南省个人发明奖；

1979年，袁隆平当选为农业部科学技术委员会委员、中国作物学会副理事长、中国遗传学会理事、湖南省遗传育种学会副理事长、湖南省农学会理事；

……

不久，袁隆平正式调入湖南省农业科学院。中共湖南省委组织部的一位领导找他谈话，说："组织上考虑到要充分发挥科学家的作用，考虑到你对党和人民的重大贡献，经研究，想让你担任省农业科学院院长，正厅级。"

对于一名在科研事业上已经功成名就的科学家来说，如果带着这份显赫的资历，登上某个官位，也不失为一种明智的选择。然而，那绝不是袁隆平的选择。

袁隆平毫不犹豫地拒绝了。

袁隆平不假思索地答复组织部领导："我这个人不适合当官。在我看来，当官有很大的局限性。别的不说，在搞科研攻关这一点上，它就没有我现在自由、自在、自如、自得。倘若当上官，整天文山会海，哪里还有时间搞科研？"

"当农业科学院院长与你从事杂交水稻科学研究并不矛盾，都是搞业务嘛！"这位领导耐心地说服他。

"领导同志，有人说我是一个不问政治的人。一个不问政治的人，怎么当得了官呀？"袁隆平似乎是在做自我否定。

"不对！"领导说，"回想60年代之初，饥饿贫穷，直接导致了党和国家的威望下降，你袁隆平忧国忧民，身体力行，历尽千辛万苦，进行高产试验，搞杂交水稻研究，这能说是不问政治吗？"

"领导同志，院长我可当不了啰，省农科院那么大一个摊子，我怎么顾得过来？要我当院长，就意味着要我离开杂交水稻的

科学研究。"袁隆平继续推辞。

"你这个同志也真有意思，要你当官，好像是要你服苦役。"领导摇摇头说。

"不是服苦役，只是当官不适合我。"

"不当可不行，这可关系到落实党的知识分子政策的问题，体现了党对知识分子的关怀和重用，更何况你是知识分子的杰出代表嘛！"这位领导亮出了最后一张"王牌"。

"这就怪了，怎么当官才是关怀和重用呢？党和政府为我提供了良好的科研条件，这不就是关怀和重用吗？"袁隆平恰如其分地挡回了领导亮出的"王牌"。

那位领导听了袁隆平的这一番话，只好摇了摇头，遗憾地告辞了。

在袁隆平看来，自己是一个从事农业科学研究的科学家，在世俗和功利面前，自身精神价值的取向应该是纯净无瑕的。所以，无论外部世界如何浮躁失衡，他的心境总是平静的。

这时，他忆起了父亲的教诲："我们的一生有很多东西需要坚守，任何事物的发展都有一个过程，如果浮躁了，就难以看清事物的本来面目。有些事情，我们也要勇于放弃。必要的放弃，是另一种意义上的坚守。"

从教会学校毕业的母亲，常挂在嘴边的一句话是："上帝给

108

你的不会太多。"当年，袁隆平毕竟年纪尚小，他对母亲的话似懂非懂。如今的袁隆平悟出了这句话的道理：人生不可贪婪，学会拥有，也须学会放弃。

凡是善于有所放弃并善于有所坚持的人，都是自我意识很强的人。袁隆平便是这样一个人。他曾读过英文版的《爱因斯坦传》。爱因斯坦就是一个自我意识很强的人，他因其科学成果与名望而被国民推举为总统候选人，但他却婉言谢绝了。他终生老老实实地"蹲踞"在科学家的角色之中，最大限度地实现了他的人生价值。袁隆平总是重复这样一席话：爱因斯坦的成就是我望尘莫及的，但我要效仿他的精神，失意时不气馁，得意时不忘形，分外之事虽有利而不为，分内之事虽无利而为之，终生安于自己的科研事业。

袁隆平始终把自己的精力放在研究杂交水稻的新品种、新体系方面，极力避免涉足杂交水稻之外的事。

# 20 "绿色神话"

改革开放后,杂交水稻的种植面积在全国迅速扩大。到1983年,杂交水稻的种植面积开始突破一亿亩。就连科技含量很高的杂交制种技术也已经从科技人员的手里推广到了寻常百姓家。随着农村家庭联产承包责任制的实行,"三系"杂交稻成了千百万农民的生财之道。

袁隆平在杂交水稻这个领域开创了一片又一片新天地。

许多国际友人将袁隆平和他的助手们研制的杂交水稻称为"东方魔稻"。

"东方魔稻",这一神话般的奇迹在20世纪80年代初出现,使得拥有10亿人口的中华泱泱大国,将要走出"吃粮定量"的低谷,30余年的粮食"统购统销"政策也将被改变,并且在世界范围内掀起了一场场"绿色风暴"。来自世界各地的专家学者纷纷赶到湖南贺家山、海南岛南红农场,参观的人络绎不绝。美国一位叫唐·帕尔伯格的农业科学家,在参观了袁隆平和他

的助手经营的杂交稻田后,写了一篇题为《走向丰衣足食的世界》的文章。文章中写道:

> 在中国历史上相当长的一段时间内,饥饿始终是一个重要问题。这个国家拥有世界1/4的人口,虽然有严格的计划生育政策,但人口每年仍以1.3%的速度增长着。人均耕地只有1/4英亩,只有美国人均耕地的1/8。所以,凡探索发起一场人类所期待的、旨在使世界人民的营养更丰富的运动,以及任何一项这方面的研究工作,都必须把中国考虑在内。

使得这位美国学者惊叹不已的是:

> 中国人已经学会了种植杂交水稻……目前在中国杂交水稻的产量已经超过常规稻的20%。这是他们在为满足数以百万计的中国人的粮食需求问题上所取得的重大突破。
> 这项成绩是怎样取得的呢?
> 1964年"文化大革命"前夕,在中国湖南(这正是毛泽东的故乡所在地),袁隆平开展了对杂交水稻的

>   研究，目的是要为大规模的粮食生产培育出一种杂交品种……
>
>   我们去参观了稻田，其时水稻正开始抽穗，长得齐腰高，欣欣向荣，郁郁葱葱，叶片挺直，就像无数菠萝叶伸展开来一样。不言而喻，这又将是一次丰收。

这位美国学者对于袁隆平的科研成果给予了很高的评价。他说：

>   袁隆平给中国争取到了宝贵的时间，这样也就等于降低了人口增长率。他的研究成果击退了饥饿的威胁。他正引导我们走向一个营养充足的世界。他还给极少数人上了难能可贵的一课——东方农业科学的成就，已经超越了它的发源地西方各国。

与此同时，国际水稻研究所所长斯瓦米纳森博士也撰写文章，对袁隆平的科研成果给予了高度评价，他说：

>   袁隆平是世界上第一位成功地利用水稻杂交优势的科学家。袁隆平的科研成就不仅是中国的骄傲，也

是世界的骄傲，他的成就给全世界人民带来了福音。因为袁先生所创造的"绿色神话"将有希望解决整个世界的饥饿问题。

斯瓦米纳森博士在担任印度农业部部长期间，曾与世界著名的诺贝尔奖获得者、美国小麦专家博洛格合作，在印度推广早矮秆水稻和高产矮秆小麦，使世界第一次绿色革命在南亚地区取得了辉煌成果。他辞去印度农业部部长职务后，担任菲律宾国际水稻研究所所长，在世界农业科技学者中享有很高的威望。

斯瓦米纳森博士将袁隆平的杂交水稻誉为"绿色神话"。他倡导各国水稻专家重视袁隆平的科研成果，引种中国的杂交水稻。

美国最具权威性的《科学》杂志向全球介绍袁隆平关于杂交水稻的研究成果，刊发了袁隆平关于杂交水稻研究成功的消息，并登载了袁隆平通过亚种间杂交和形态改变而培养出来的杂交水稻株型照片。

美国是很重视利用农作物杂种优势的国家，杂交玉米、杂交高粱都是美国首先搞成的。他们获悉中国杂交稻研究成功的消息后不久，于1979年进行试种，效果良好。一位美国农业科学家参观了"袁氏杂交水稻"以后，打了个响指，赞叹道：这简直是袁氏绝唱！

1980年，美国最早与中国种子公司签订了技术转让合同。美国一些有识之士提出将"袁氏杂交水稻"推向全世界。

为适应全球杂交稻热的新形势，1980年9月到1981年9月，中国农业科学院和国际水稻研究所在湖南省农业科学院举办了两期杂交水稻国际培训班。来自五大洲十几个国家的水稻专家赶往长沙市东郊的马坡岭，参加杂交稻培训班。袁隆平任主讲教师，他经营的杂交稻田就是这个培训班的实习课堂。

使人们感到意外的是，袁隆平的授课竟然是从恩格斯的自然辩证法开始的。他用流利的英语说道：

"恩格斯告诉我们：'物质的任何有限存在形式，不论是太阳或星云，个别的动物或动物种属，化学的化合或分解，都同样是暂时的，而且除永恒变化着、永恒运动着的物质以及这一物质运动和变化所依据的规律外，再没有什么永恒的东西。'"

他把话锋一转说道："人们曾经把'水稻自花传粉'的习性看成永恒的，一成不变的，而我们则依据自然规律将它改变为杂交作物……

"众所周知，大自然是极其复杂的，可是，当我们用现代科学对它揭秘以后，谁能想到，它竟是用最简单的法则构成的。构成一个事物，最简单的方法莫过于按照一种模式来复制，大自然所用的正是这种方法。这种方法看似简单，但大自然却用它创造出了种种奇迹，创造出了一个多姿多彩、充满了生机的世界。

"从这个意义上讲，我们既要崇拜自然，又要鼓起征服自然的勇气……"

袁隆平的讲课，总是充溢着爱国主义激情。

一位外国学者说："听袁先生讲课，总觉得有一股不可遏制的科学冲动，有对新鲜事物的灵敏嗅觉兼之深沉的思考，有乐此不疲的创新欲望。从哲学的层面看，袁先生对科学的贡献超越了创建杂交水稻本身，其科学思想和科学方法对其他学科的发展同样有借鉴意义。"

还有一位外国学者称赞说：

"中华民族是一个了不起的民族，中国的愚公敢移山，精卫敢填海，夸父敢追日，中华民族是一个有着坚强意志的民族。在袁隆平身上，我们可以看到这个民族优秀子孙的良好品格。袁先生所创造培育的杂交水稻，当说是中华民族开掘出的新的瑰宝。"

的确，袁隆平的事迹，向全世界证实了勤劳勇敢的中国农业科学家在发展中国农业科学的事业中，做出了巨大的牺牲，做出了卓越的贡献，从而，创造了风靡世界的"绿色神话"。

# 21
## "杂交水稻之父"

自1979年以来,按照菲律宾国际水稻研究所的安排,袁隆平不断出访世界各国,帮助不同国家的人民培植杂交水稻。他多次赴菲律宾、印度、越南、马来西亚、缅甸等发展中国家,指导当地科学技术人员培植杂交水稻;赴美国、英国、法国、意大利、日本等发达国家登台讲学,传授技术,培训农业技术专家。

袁隆平第一次走出国门是1979年春天,他应邀参加菲律宾国际水稻研究所举办的一次学术研讨会。

菲律宾国际水稻研究所是由美国洛克菲勒基金会资助的,是国际上最权威的水稻研究专门机构。它设在菲律宾首都马尼拉远郊的洛斯巴洛斯镇。

这次研讨会有200多位学者参加。中国科学院应邀组织了一个由4人参加的专家小组,袁隆平便是这个专家小组的成员之一。这个专家小组准备宣读的论文是袁隆平用英文撰写的,题为《中国杂交水稻育种》。

按照研讨会的规定,每个专家组由两人登台发言,其中一人宣读论文,一人现场答辩。中国专家组推举袁隆平宣读论文,推举中国农业科学院的研究员林世成答辩。但因为林先生对杂交水稻不熟悉,只好由林先生宣读论文,由袁隆平做现场答辩。

会议开始后,第一组由美国一位专家宣读论文,由日本的著名学术权威新城长友先生进行答辩。新城长友早在1968年便搞成了杂交粳稻"三系"配套,但因始终没有解决制种技术问题和F1代杂种优势问题而搁浅。但新城长友先生在学术上的创举意义是重大的。他们的首席发言很成功。

接着,当林世成先生宣读完袁隆平撰写的那篇论文以后,便由袁隆平进行答辩。

日本专家新城长友率先提问,他说:"请问袁隆平先生,按你们论文中提供的表格,中国杂交水稻制种的异交结实率是相当高的,你们是怎样达到这样的高水准的呢?"

"我们认为最重要的一点就是要使母本不育系与父本的花期准时相遇,再施以人工辅助办法,施行人工'赶粉'。"

"请问袁先生,'赶粉'是什么意思?"一位澳大利亚学者问道。

袁隆平微微一笑,回答说:"'赶粉'是我们中国人创造出来的词语。它的意思就是在杂交水稻不育系和恢复系扬花期的午间，人们拿一根竹竿，横向推动父本的茎秆，使稻穗大幅度摇摆，抖动雄蕊，使雄性花粉四处飘散。这样可以使母本雌蕊充分受精，从而提高结实率。我们中国人便形象地用'赶粉'两个字概括了这一整套操作过程。"

"袁先生的回答很有情趣。想想看，一粒粒小小的雄性花粉，用人工的办法让它随风飘飞，当它如意地飘落到雌蕊柱头时，它们便会结出可爱的果实，那该是多么有趣的景致啊！"新城长友幽默而风趣的话语，引来满堂笑声和掌声。他接着问："在我们的试验中常遇到这样一个问题，不育母本总有包颈现象，请问袁先生，你们是否遇见了同样的问题？是怎样去解决的？"

"是的。我们也遇见了同样的问题。我们目前所找到的办法是喷施'920'（赤霉素），刺激'母稻'抽穗。"

因为当年杂交稻的研究在世界范围内既不够普及，又不够深入，所以这次关于杂交稻的学术话题就显得不那么活跃，因而答辩很快结束了。

第一次走出国门的袁隆平回答了诸多外国学者的提问以后，长长地舒了一口气。

1982年的初秋季节。

马尼拉洛斯巴洛斯镇国际水稻研究所。国际水稻科技界的又一次盛会在这里举行。

这一天，报告大厅的数百个座位座无虚席。

这是袁隆平第三次登上杂交水稻研究的最高殿堂进行演讲。

会议开始后，国际水稻研究所所长斯瓦米纳森博士庄重地将袁隆平引向主席台。

不久，投影机在幕布上赫然打出袁隆平的巨幅头像，头像下方显现出一行特大号的黑体英文字，翻译成中文是：

杂交水稻之父袁隆平

报告大厅里立刻掌声雷动，经久不息。

斯瓦米纳森博士做了一个"暂停"手势以后，人们顿时鸦雀无声。斯瓦米纳森博士侃侃而谈：

先生们、朋友们：

今天，我十分荣幸地在这里向你们郑重地介绍我的伟大的朋友、杰出的中国科学家、我们国际水稻研究所的特邀研究员——袁隆平先生。

我们把袁隆平先生称为杂交水稻之父，他是当之无愧的。他的成就不仅是中国的骄傲，也是世界的骄傲。他的成就给世界带来了福音！

掌声、欢呼声再次响彻大厅。

袁隆平站起身来，彬彬有礼地向来自世界五大洲的专家、学者深深地鞠了一躬，然后用流利的英语说道：

各位先生、各位朋友：

今天，能和各位老朋友在这里再次相聚，与各位新朋友在这里相识，我感到无比愉快和荣幸。非常感激斯瓦米纳森博士对我的介绍和夸奖。我虽然在杂交水稻的研究方面做出了一点成绩，但不值得各位朋友如此隆重地推崇。我感谢大家的深情厚谊，并愿借此机会在这里表示，我们中国科学家非常乐意和世界各国科技界朋友互相学习，携手并肩，为科学的进步和人类的幸福创造出更多的新成果。我也希望在这里听到更多关于水稻研究方面的精辟见解和新颖思路，使我从大家的发言中获得更多的启发和教益。

接着，他把话锋一转，继续说下去：

我很希望杂交水稻的研究成果能够增强我们国家自己解决吃饭问题的能力；同时，也很希望为解决全人类仍然面临的饥饿问题做出自己的贡献……

来自世界五大洲的专家、学者,有黄皮肤、黑头发、黑眼珠的,有白皮肤、黄头发、蓝眼珠的……不管来自哪一个国家和民族,坐在台下的他们,对台上的袁隆平一致投去尊敬和钦羡的目光……

袁隆平和他的助手们,自1979年以来,先后20多次飞往菲律宾国际水稻研究所,或是与来自世界各地的专家、学者开展广泛协作,或是讲学,或是指导栽培,与各国朋友建立了深厚的友谊。

马尼拉远郊的杂交水稻吸引着袁隆平,马尼拉与海南岛相差无几的热带风光也吸引着袁隆平。作为一个爱国主义者,在马尼拉期间,袁隆平曾经带领他的助手们参观了黎萨公园。这是菲律宾民族英雄黎萨当年被西班牙殖民主义者枪杀的地方,建有黎萨纪念坛。六边形纪念坛的四周,用中文镌刻着黎萨就义前所写的诗《我的诀别》:

……
如果有一天,
你看见我的坟头开放一朵朴实的花儿,

在茂密的草丛间绽放，

请把它放在你的唇上，

吻我的魂灵，

那时在寒冷的墓里，

我额上将感应你爱抚的亲切，

感应你气息的温暖。

……

袁隆平默读着英雄留下的诗句，聆听着讲解员述说英雄伟大的人生：

"黎萨祖籍中国福建泉州，童年时代随祖父移居菲律宾。他作为菲律宾的诗人、作家和民族英雄，于1892年6月创立了'菲律宾联盟'，带领菲律宾人民开展民族独立斗争，打击西班牙殖民主义者，还用他的诗歌《不许犯我》和小说《起义者》控诉殖民主义者的野蛮暴行，唤起菲律宾人民的民族意识和觉醒，鼓舞人民走上争取民族解放的道路。

"当年鲁迅曾赞扬黎萨发出了'真挚壮烈悲凉'的声音，从这位伟大的民族英雄的著作中听到了'复仇和反抗'的呼喊。

"1896年12月30日，黎萨被西班牙殖民者杀害。

"黎萨就义前，仰面朝上，不肯卧倒，使得刽子手全身战栗，

不敢开枪。

"英雄就义前,他的未婚妻同他举行了刑场婚礼——那是一位美丽的爱尔兰姑娘,姑娘以她的坚贞爱情为英雄送行……"

袁隆平一行怀着悲壮的心情聆听着讲述,为自己的骨肉同胞黎萨的英雄壮举而感到自豪。

黎萨公园是菲律宾国家庆典集会的场所。每年独立节,总有百万人到黎萨公园集会。各国首脑访问菲律宾,总是先到黎萨纪念坛献花致敬。在袁隆平的倡导下,瞻仰黎萨纪念坛也成为袁隆平弟子们到马尼拉国际水稻研究所的必修课。

这位被国际同行誉为"杂交水稻之父"的袁隆平,在菲律宾民族英雄黎萨精神的感召下,研制杂交水稻的热情愈加高涨,他愿意研制出更多更好的大米,使普天下人民摆脱饥饿。他愿意将自己培育的优质大米给每个国家的每个人都分得一份,整个地球村吃着一锅香喷喷的米饭,洋溢着全球一家亲的温馨,这是袁隆平此生追求的目标。

# 22

## "山外青山楼外楼"

袁隆平总是在不停地耕耘。20世纪80年代中期,面对世界性的饥荒,袁隆平再次萌发了一个惊人的设想,大胆地提出了杂交水稻超高产的育种课题,以解决更大范围的饥饿问题。

1985年,袁隆平从国际水稻研究所获悉,全世界面临"人口膨胀,耕地锐减,粮食紧缺"的严重危机。但当时我国许多人被国内一时出现的"卖粮难"现象所迷惑,对于水稻高产的问题似乎淡漠了。这时,袁隆平却高瞻远瞩,大声疾呼,写出了《杂交水稻超高产育种探讨》一文。他怀着强烈的责任感,大胆地指出:

> 我国是一个11亿人口的大国,粮食仍是我国十分严峻的问题。我国以占世界1/7的耕地,养活占世界1/5的人口,提高粮食产量仍然是摆在中国人民面前的首要任务。目前,杂交稻虽然已应用于生产,但还

有广阔的发展前景，还蕴藏着巨大的增产潜力……

不久以前，日本制订了一个水稻超高产育种计划，要求在15年内育出比现有品种增产50%的超高产品种。面对这一国际上的育种新动向和20世纪末把我国农业产值翻一番的任务，我们认为，我国杂交稻育种，在注意提高品质的同时，也须制订超高产育种研究计划。特别是杂交水稻，从产量育种看，具有很大的优越性，主要是杂种优势利用，能把形态改良同生理机能的提高密切而有效地结合起来，使生物学产量和经济系数都得到提高，既可增"源"，又可扩"库"，这就比一般的形态育种能产生更好的效果。

在这篇论文中，袁隆平提出了选育超高产组合的四条途径，其重点是培育"核质杂种"。袁隆平总是不断提出新的科研课题。湖南杂交水稻研究中心党委书记全永明说："创新是贯穿袁隆平院士科研活动的一条主线，强烈的创新意识，非凡的创新胆略，执着的创新精神，独特的创新风范，是袁先生获得成功的要诀。"

袁隆平认为，现在的籼型不育系，也是一种"核质杂种"，是一种野生稻的胞质和栽培稻的胞核互作型的"核质杂种"。这种"核质杂种"表现出雄性不育和有卡颈等"负效应"。

袁隆平提出了他的新设想：根据唯物辩证法原理，任何事物都是一分为二的，有"负"必有"正"，如果将籼稻的细胞核导入进化程度较高的粳稻细胞质中，育成粳质籼核的"核质杂种"，就可能出现"正效应"。这种"核质杂种"，其后代既可能具有高产的杂交优势，又可能恢复正常育性。那时就不再需要年年制种了。

袁隆平根据超高产育种的要求，又果断地从"核质杂种"研究中跳了出来，到更大的研究领域中去探索。用他自己的话来说："只有采用新的育种材料和选用新的育种方法，才能在产量上有新的突破！"

1995年，袁隆平郑重宣布：两系法杂交水稻研究基本成功。

在袁隆平两系法杂交育种理论的指导下，两系法杂交高粱、两系法杂交油菜、两系法杂交棉花、两系法杂交小麦等一系列新品种相继研究成功。

我国农作物育种出现了史无前例的辉煌局面。

人们感慨地说，在杂交水稻处于迷茫时期，袁先生总能够提出正确的思路，令同行们茅塞顿开，眼前豁然开朗。为什么总会出现这样的状况？袁隆平的秘书辛业芸对此解释说："这就是袁先生胆识过人之处。面对困难，袁先生毫不退缩，总是善于抓住关键，凭借丰富的实践经验，做出理论设计，再到实践中寻求答案。从理论到实践，再到理论，再回到实践，直至获得成功，这就是袁先生成功的秘诀。"

袁隆平书房内挂着自己写的一首七绝条幅：

山外青山楼外楼，自然探秘永无休。
成功易使人陶醉，莫把百尺当尽头。

这首诗表达了袁隆平探秘科学永无休止的决心。

有人说，袁先生那聪颖的大脑中，似乎潜藏着一座巨大的水稻宝藏，对这座宝藏的开采，似乎无止无休。

袁隆平说："人类本身便是大自然的杰作。人体共有1万多亿个细胞。这么多的细胞，不仅能够互相协调，而且每个细胞都有其特殊分工，从而使整个人体处于高度有序的状态。""最神秘的要数我们人类的大脑，它使人们有喜怒哀乐，还能够思维，能够理解，能够想象，能够创新。""人类是大自然生命的高级阶段，所以人类有义务把某些处于低级阶段的生命例如我们研究的对象——水稻，向高级阶段推进，再推进！"

# 23
## 当被评选为院士的时候……

可以毫不夸张地说,袁隆平是获得世界级奖项最多的中国科学家之一。可是,与那一系列大奖形成鲜明对照的是湖南省人民政府曾三次为袁隆平申报中国科学院和中国工程院院士,却屡屡受挫。

中国科学院院士与中国工程院院士是由国家设立的在科学技术领域和工程技术领域中的最高荣誉称号,为终身荣誉。两院院士的产生,按照统一的标准与严格的程序进行提名推荐与遴选,宁缺毋滥。

袁隆平作为院士候选人,曾被提名四届,三届受挫。

1991年5月,湖南省人民政府首次推荐袁隆平为中国科学院生物学院学部委员(科学院院士前身,下同)候选人。1992年公布的新增选的210位中国科学院学部委员中,生物学部新增选了34名委员,袁隆平榜上无名。

1993年5月,湖南省人民政府第二次提名推荐袁隆平为中国科学院生物学院学部委员候选人。袁隆平又一次落选。

袁隆平作为世界知名的科学家,两次未评上学部委员,在全国科技界引起了不小的震动。新闻界有记者称,袁隆平未被评上学部委员,比评上引起的震动更大。

袁隆平在国内外影响如此之大,然而在我国学术界却受如此冷落,原因何在?有人说袁隆平缺少过硬的学术著作。可是,一位为袁隆平鸣不平的权威人士称:袁隆平的论文和著作曾多次获奖,其中《水稻的雄性不孕性》《杂交水稻育种的战略设想》等被学术界公认为具有划时代的意义,是对传统经典理论的重大突破。他的专著《杂交水稻育种栽培学》,曾获全国优秀科技图书一等奖和国家图书奖,被列入"推动中国科技进步十大著作"。

所以,"缺少过硬的学术著作"一说的根据显然不充分。

对于评不评院士,袁隆平自己则显得很平静。当世俗的寒气袭来时,那正是他在精神世界和科研中另辟蹊径的最好时节。他在科研事业中,总是努力避开不绝于耳的纷扰。人誉人毁,他概不动心,因为他完全沉浸在开拓创新的快乐之中了。

袁隆平总能从成绩、荣誉乃至名利和地位等诸多"包袱"中解脱出来,他胸中唯有杂交水稻的现在与未来。

袁隆平从来没有向生活屈服过。当"洪水"袭来时,他没

有低头；当他的科研成果遭到践踏时，他没有唉声叹气。没有评上院士，算得了什么！

这时，袁隆平陷入了沉思。他忆起了母亲在世时，用流利的英语给他读过的梭罗的《瓦尔登湖》，妈妈说："梭罗认为生活在有山有水有树的乡间更加美好。于是，他从喧嚣的纽约来到了静静的瓦尔登湖畔，走出钢筋水泥构筑的城市，去膜拜天然原始森林。"

袁隆平曾与母亲开玩笑说："你这位老太太不就是从车水马龙的重庆，来到湘西这有山有水有树的乡间吗？"

老母亲用英语接着说下去："梭罗走进大森林，最令他神往的是那些林中的生灵。一只美洲鹟来到梭罗小木屋中做巢，一只知更鸟在他屋侧的一棵松树上巢居着，斑鸠鸣叫着，从一根枝丫飞向另一根枝丫。而褐色的松鼠从树枝上跳下来，也对梭罗特别好奇。一只山雀飞来停留在梭罗的肩头，待了好一会儿。梭罗感动地写道：'当时我觉得，佩戴任何的肩章，都比不上我这一次光荣。'"

最后，老母亲意味深长地说："最可贵的是，梭罗总是保持着一种淡泊的心境。"

正是在这种淡泊和宁静中，袁隆平创造了辉煌。这辉煌，就是袁隆平的三系杂交稻、两系杂交稻和即将取得成功的超级稻……

保持心境的淡泊，使他变得很纯粹，很天真。他总是把自己当成在大海边寻找贝壳的孩子，这种纯真的品格，使他面对挫折时百折不挠，成为献身事业的勇士。

经过多次严格的提名、推荐、评审、遴选，袁隆平终于于1995年5月当选为中国工程院院士。

当袁隆平接到成为中国工程院院士的通知时，他的表情仍是平静的。他说，评上院士，不过是工资涨了些，有了一个新的名号，而我还是从前的我，我并没有因评上院士而与从前有什么不同。他说，评上院士，对于丰富我的人生也许不无意义，而对于实现真实的自我究竟有多大的意义就不好说了。

袁隆平总是保持心境的宁静和淡泊，力求免受盛名的侵扰。因为他认为只有专注于杂交水稻的研究，人生才会更加充实，更加美好。

袁隆平这种超脱、坦荡、大彻大悟的胸襟，是多么令人尊敬啊！在有些事情上，他看似屡屡受挫，但正因为他具有这样宽广的胸襟，根植于自己所从事的杂交水稻事业，忠实于国家，忠实于人民，所以，从总体看，从长远看，他终究是一个成功者。他在我国当代科技史上，确立了自己不可动摇的地位。

# 24
## "神农"礼赞

民以食为天。

人民对于"神农"的恩泽感念不忘,乃天经地义。

一次,袁隆平到湖北参加会议,特意赶往随州拜谒了"神农洞"。

相传神农洞是炎帝遇难脱险获得第二次生命的地方,这里供奉着炎帝的塑像。袁隆平向这位光耀九州的神农恭恭敬敬地鞠了一个躬,以表达他对这位先贤的景仰之情。

炎帝,这位中华民族的始祖,曾经在五千多年以前,创耕耘,植五谷,驯禽兽,尝百草,为民疗疾。神农炎帝的丰功伟绩,誉满九州,名扬天下。

陪同袁隆平前来拜谒的当地友人介绍说,每月农历初一和十五,到神农洞朝拜的海内外华人络绎不绝,神农洞成了华夏儿女寻根的圣地,中华儿女把神农称为衣食之父。

袁隆平追寻着先贤的足迹,努力用自己的全部身心去寻求富国强民的途径。

人类历史的长河，犹如一根无限长的链条，每一个生命都是链条中的一环。我们祖祖辈辈一代又一代地延续着这根链条。神农炎帝便是中华民族家园链条中最为重要的一环。每一个中华儿女，都要珍惜始祖留下的一切。历史的链条把我们与前人连接了起来，把前人和后人连接了起来。

湖北省有祭祀神农炎帝的神农洞，湖南省则有炎陵县的炎帝陵。

1996年清明节这一天，湖南省政府在修葺一新的炎帝陵举办首届公祭活动。他们请来袁隆平当主祭人，请他点燃公祭圣火。中华儿女将最高的荣耀给予了他们心目中的"当代神农"袁隆平。

罗霄山脉的初春，盛开着层层叠叠的玉兰花。未加修剪的玉兰花树，低低地分出枝杈，盛开在游人的脚下，那硕大而华贵的花朵，飘出阵阵清香。那一朵朵将开的玉兰花，像是一支支伸向天空的毛笔，书写着华夏五千年的文明史。

就在这次公祭之前，考古学家在离炎帝陵不远的株洲市发现了远古时代人工栽培的水稻。这表明神农氏在此地教民农耕之说，绝非子虚乌有。

好一座雄伟的高山！山崖有"龙脑石"兀立，山巅有雄鹰翱翔，杜鹃声声啼叫，山谷幽深肃穆。松脂的浓馥，柏叶的清香，浸肌润肤，令人心旷神怡。

站在炎帝陵，凭高远眺，更是景象万千。只见高高低低的山峰，深深浅浅的沟壑。群峰争奇，众坡竞秀，满山满坡的红杜鹃，满山满坡的苍松翠竹，几乎入眼都是景。袁隆平感慨万千，他想：没有众多的山峰，便没有罗霄山；没有炎帝等始祖和后辈的不懈努力，就没有中华民族的世代文明。

袁隆平从炎帝陵所在的山头捡回了一块山石，他将这块山石恭恭敬敬地放在自己书房的案头。这块山石向他传递着大自然的信息，净化着他的灵魂……

祭祀炎帝，是表达一种发自内心的感恩之情，炎帝对人类文明有着杰出贡献。我们吃的粮食、穿的衣服、治病吃的草药，都与炎帝相关。他是一位与人类同甘共苦，哺育人类繁衍生息的父母神。

为炎帝举行祭祀仪式，说明了炎帝在人们心目中的位置。

上午9时，祭陵仪式开始。

主祭人袁隆平在数百名来自海内外的嘉宾的簇拥下来到"天子坟"前。

主祭人袁隆平和诸位陪祭人依次盥手，就位。袁隆平高擎起火把，点燃了祭坛前的圣火。

随后，海内外嘉宾先后奠酒，读祭文，向"天子坟"行鞠躬礼。

在古朴典雅的古乐曲和舞蹈表演之后，由一位农民代表手持原始的犁杖，铧开了罗霄山春天的第一犁……

由袁隆平点燃的圣火，则继续闪耀着火焰，仿佛是从刀耕火种的年代传来的赞歌。

这里是春天，这是在袁隆平生命中遇见的最美好的季节。

炎帝陵的东侧有一片山地，那山地拥有唯一的红色，那是一种耀眼的赤红，红得那样灿烂，那样固执。这红色的土地，或许来源于原始人类刀耕火种时焚烧的烈火；这红色的土地，或许是被炎帝始祖给烧红的。这些原始而热烈的红土地，犹如远古时代的图腾，横卧在他的眼前，他感到了一种波澜壮阔的美。

袁隆平捧起一块刚刚用耕犁翻出来的红色泥土，感到了一股湿热的气流从手掌缓缓流入心田。于是，他心中激荡起一股力量。

他若有所悟：这就是红土地的力量！

他是红土地的子民，是红土地给予了他寻梦的力量。这力量，是塑造生命与振兴生命的源泉。

这红土地曾经孕育了一代英明领袖，如今又孕育了一代杰

出的农业科学家。

土地崇拜是我国民间的一种传统，"尊天而敬地"的古老情怀，代代相传。每逢播种的春天，收获的秋天，我国农民不仅要祭奉祖先，还要祭奉始祖神农。他们年年祈求神农保佑，祈求五谷丰登。

袁隆平远远瞧见在另一个山坡上一位老农正手把铁锨深翻土地。只见那位农民俯着身子，背朝天空，面对着肥沃的红土地，喘着粗气，深深地挖下去，身子稳稳地扎根于那一片红土地。

迎着料峭的春风，流足了汗水的老农放下铁锨，坐在山坡的一块岩石上，从身上摸出一杆旱烟袋，从布袋里捏一撮烟丝，按入烟斗里，点上火，用嘴对准烟嘴儿"吧嗒、吧嗒"使劲地吸着……一袋烟抽完了，那老农站起身来，重新紧握铁锨，继续挖地……那一串串汗水流个不停。

袁隆平凝视着那位老农民，感慨万千。他感慨几千年的文明古国就是由眼前这样的农民一锨一锨开掘出来的；他也感慨我们文明古国今日的落后现状，为了摆脱这落后现状，他们在竭尽全力地开掘……

夜晚，罗霄山脉西麓被五彩缤纷的焰火映照得多姿多彩，雄伟壮观的罗霄山更加灿烂辉煌。轰然爆裂的焰火响彻天宇。这焰火，这声响，带给袁隆平的是振奋和鼓舞。

# 25
## 获奖后的谈话

2001年2月19日,中共中央、国务院在北京隆重举行国家科学技术奖励大会,袁隆平荣获2000年度首届国家最高科学技术奖。

2001年3月的一个上午,在袁隆平获奖一个月以后,湖南省《湘声报》的记者李池陶在海南三亚荔枝沟采访了袁隆平。

当时,袁隆平骑着一辆小摩托刚从田间劳动归来,换下套靴,招呼记者进了房间。他的房间陈设依旧那样简单,一个方桌,一张木床,一张木沙发。

记者与袁隆平一同落座以后,开门见山地说:"请袁院士谈谈荣获'国家最高科学技术奖'的……"

"感受。"袁隆平非常敏捷地接过话题,然后反身进里间屋拿出一包烟,开始谈感受——

"荣誉不是我一个人的,这是对全体科技人员特别是农业科技人员的肯定,是党中央、国务院对科技人员的关怀。"

少顷，袁老又回忆起得奖的情况——

"在授奖会上，我提出了超级杂交稻亩产要过800公斤，杂交稻要走向世界。这是当着总书记和总理，还有那么多部长和全国的科技界同行们表的态，我一定要完成啊，所以感到压力很大。授奖仪式结束后，温家宝副总理走过来和我握手说：'你那两个心愿一定会实现。'他是管农业的副总理。两个心愿就是超级杂交稻亩产800公斤和杂交稻走向世界。"

接着他还是很严肃，继续上面的谈话：

"即使我完不成这两个任务，也一定要培养青年人完成这两个任务。我过了古稀，老骥伏枥啊。今年我到海南特别高兴，因为我发现了新的希望。刚才你们在田间也看到了朱运昌经营的稻田，我非常高兴。老朱，他是大器晚成啊。"

记者问："您认为您一生最值得高兴的事是什么？"

袁隆平脱口而出："日思夜梦的东西变成现实。"

记者问："您是一位成功者，您认为成才之路有什么规律？"

袁隆平回答："我的思想比较超脱。代数乘法中的负数乘负数得正数现在都想不明白。平面几何的三等分已知角、化圆为方不可能，我也没有弄清。这一次我和数学家吴文俊先生一起领奖，我就和他讨论过。农业发展到高精尖的时候要靠量化来完成，数学是不可以少的。我对吴文俊先生说：'数学是科学之

母。'吴文俊先生对我说：'农业是数学之父。'

"我读书凭爱好、凭兴趣，我对地理、化学、外语有兴趣。我不喜欢三角函数 sin、cos。中学时我有位同班同学数学好，他帮我学数学，我教他学游泳，现在他也是院士。

"读大学时，学校对我的评价是，爱好：自由；特长：散漫。

"我的办公桌乱七八糟。开始时，记者来了我有点怕，因为太乱。后来我发现爱因斯坦的办公桌比我的还乱。

"我最怕念紧箍咒，中学在教会学校只做过一次礼拜。当年我读书时有段时间实行五分制，不喜欢的功课我奉行'三分好，三分好，不贪黑不起早，不留级不补考'的原则。现在中学教育搞填鸭式不好，中学是基础，不应要求千篇一律，学生有几门功课是特长就行了。现在英文教育光教文法，听不懂是没有用的。学外语要有天分，我从小随父母迁徙到处跑，就有语言天分。比如外语的卷舌音，我发得准确。还要有听的辨别力。在菲律宾听那里的同行讲英语和在缅甸、日本听那里的同行说英语，发音是不同的。你应当能够和他们交流，这是实际能力。"

记者问："您是一位科学家，追求中充满哲理，您是不是爱好哲学？"

袁隆平回答："是的。毛主席的'两论'——《矛盾论》《实践论》我很喜欢，'两论'对于我的思想方法有影响、有作用。

当然我也研究，比如'两论'中提出认识是从感性到理性，我觉得李达——他参加过建党，是哲学家，他还当过武汉大学的校长，他说得好，认识是经过感性——悟性——理性的。哲学思想很难尽善尽美，金无足赤。'两论'很好，当然现在读起来就不同了，我有了人生的、科研的经验，会有新的看法。我认为毛泽东思想的精髓是'两论'。搞科研读点哲学是有好处的。我在年轻时学习李森科的时候，觉得他有主观唯心论，之后才敢于冲破经典遗传学关于'自花传粉作物杂交无优势'的理论。"

最后，记者问袁隆平："您的业余爱好是游泳还有拉小提琴吧？"袁老很高兴、很率真地低声告诉记者："琴是过去年轻时拉，现在中央台要我出国拉琴，我大吃一惊，不行。我是搞科研的啊。游泳还行吧。"

健谈的袁隆平，在一个小时内，开怀大笑十多次。记者李池陶似乎还有许多问题，袁老也意犹未尽，但是记者看到袁老那样忙碌，实在不忍心多耽搁他。临近中午，记者只好依依惜别了这位可亲可敬的科技伟人。

# 26 创新温暖世界

据 2018 年 6 月 25 日《人民日报》报道：

日前，由袁隆平带领的中国研发团队在阿联酋迪拜热带沙漠试验种植水稻初获成功，最高亩产超过 500 公斤，这是全球首次在热带沙漠成功试验种植水稻。按照合作计划，未来水稻有望覆盖阿联酋 10% 以上国土面积，形成大片"人造绿洲"，不但提升阿联酋粮食自给能力，而且改善当地生态环境。"整个阿拉伯世界都会将目光投向中国的这一新技术""这将有助于改善沙漠生态，提升地区粮食产量""中国将荒漠变为绿洲"……中东乃至世界媒体纷纷赞叹中国"水稻奇迹"。

其实，赞美中国"水稻奇迹"早就是一种世界级现象。去年中国两米高"巨型水稻"的图文报道掀起一阵火热的"世界波"，而一再刷新单产世界最高纪录的袁隆平"超级稻"更是令世界称奇。

"21 世纪，谁来养活中国人？" 20 多年前，美国世界观察研究所所长布莱斯·布朗曾提出这样的质疑，现在看来答案已经显而易见。中国不仅粮食产量稳步提升，还实现了农作物种植技术的突破。被称为"东方魔稻"的杂交水稻，不仅在中国多养活了7000万人，还逐渐推广到印度、越南、菲律宾等几十个国家和地区，得到了大面积的商业化种植。去年在中国，海水稻曾收获超过620公斤的亩产量。据预测，在中国种植1亿亩海水稻，按亩产300公斤计算，就足以养活8000万人口。全球有142.5亿亩盐碱地，由此足以看出袁隆平这一科技成果对世界做出巨大贡献的潜力。

科技创新永无止境，正如袁隆平所说的，常常是"跳过一个高度，又有新的高度在等着你""要是不继续跳，早晚要落在别人后面"。袁隆平这种勇攀高峰的创新精神一次次让天方夜谭变成现实。

人们说，袁隆平永远不会老，永远年轻。因为他胸中只有杂交稻科研事业，他认为自己仍然在推进杂交稻事业的中途，杂交稻的事业将陪伴他终生。

的确，对袁隆平来说，他的事业有中途，没有终点。